法隆寺年表

高田良信

柳原出版

題字＝高田良信

序

法隆寺の歴史に関心を抱いてから今年で半世紀を迎える。小僧のころから埃にまみれながら集めたり、写し取った資料をベースとしてはじめて法隆寺年表を作成したのは昭和41年8月のことであった。

そのころはガリ版刷りの粗末なものであったが、新資料を追加しつつ、年表が大部なものになっていくことに喜びを感じた。やがて、その年表が仏教考古学者として名高い奈良国立博物館館長であった石田茂作さんの目に留まることとなる。そして「これをさらに充実したものにするように」との助言と励ましをいただいたのである。

ちょうど、そのころ『秘宝 法隆寺』といった大著が講談社から出版されることとなり、私が編纂した『法隆寺年表』と『法隆寺関係著作目録』を収録していただいた。年表と著作目録の作成は私にとって最も思い出深いものとなったのである。そのころはパソコンといった便利なものがなく、一つ一つの資料をカードに書き込み、それを整理する作業の繰り返しであった。しかし、それによって資料のほとんどが脳裏にインプットされることとなる。私の半生の中で、最も思い出深い、そして楽しい貴重な時間帯であったと追懐している。それからも新資料に出会うたびに補遺を重ねつつ、幾度となく印行を繰り返したが、見落としているものや、誤りが多く、この仕事に終りがないことを大いに自覚させられることとなる。今回も不備があることを十分に承知をしながら、敢えて公刊することを決意した。今年は私が法隆寺の歴史に関心を抱いてから50年目を迎えることと、法隆寺が創建されて1400年の記念する年であることから上梓することとなったのである。とくに永らく編纂を続けてきた『法隆寺辞典』をはじめて公にするのに伴って、それが年表と一体の研究成果であるとの思いによる。そして、私が提唱した法隆寺史の編纂や今後の法隆寺学研究への何らかの参考となるであろうことと、私の志念を理解して受け継いでくれる人材が輩出するであろうことに期待をしたからである。是非とも多くの人びとにご笑覧をいただくことを切望するとともに、法隆寺学が前進する一助となることを願うばかりである。

最後に、本書の出版に当たって柳原出版当局をはじめ、面倒な編集作業の一切を引き受けて、ご苦労をいただいた同編集部の木村京子さんに対して、特記して厚くお礼を申し上げたい。

平成19年8月22日

高田良信

凡例

一、本書は、昭和 41 年から発表してきたものに新しい資料を付加したものである。法隆寺年表としてはこれまでに比べて大部なものとなった。

一、本書は、資料とする立場から敬称は全て省略した。

一、年号は基本的に史料に従うこととしたが、改号があったときにはその元号に従った。

一、本書に収録している項目は著者の判断で取捨選択したものであることをご承知いただきたい。

将来的に充実したものが編纂されることに期待をしたい。

一、出来るかぎり詳しくすることに努めたために、収録事項の内容にバランスを欠いている部分も少なくないことをご了承いただきたい。

一、本書は、著者が単独で編纂をしたために重要な項目が脱落したり、不備な個所が多いことをご理解いただきたい。

一、本書は、原則として新字・新仮名を使用した。

一、本書中に頻出する書名は、必要に応じて略称を使用した。

一、史料等に記述されている旧字体は原則として新字体に改めた。

一、明治時代以降の項目の出典は省略した。

一、引用典籍で略称を用いたものは次の如くである。

『日本書紀』→『書紀』

『上宮聖徳法王帝説』→『帝説』

『続日本紀』→『続紀』

『法隆寺伽藍縁起幷流記資財帳』→『資財帳』

『東院仏経幷資財條』→『東院資財』

『続日本後記』→『続後記』

『日本略紀』→『紀略』

『上宮聖徳太子伝補闕記』→『補闕記』

『法隆寺政所並法頭略記』→『法頭略記』

『聖徳太子伝暦』→『伝暦』

『聖徳太子伝私記亦古今目録抄』→『目録抄』

『法隆寺別当記』→『別当記』

『法隆寺縁起白拍子』→『白拍子』

『聖徳太子伝玉林抄』→『玉林抄』

『諸堂開帳霊仏霊宝絵像等目録』→『開帳等目録』

『和州堂社霊験并仏菩薩像数量等』→『法隆寺堂社霊験』

『古今一陽集』→『一陽集』

『法隆寺良訓補忘集』→『補忘集』

『法隆寺年会日次記』→『年会日次記』

『伽藍修復勘定帳』→『勘定帳』

『伽藍修復勘定帳控』→『勘定帳控』

『斑鳩古事便覧』→『古事便覧』

『天保十三年江戸出開帳日記』→『天保出開帳日記』

「参考文献」

『郷土歴史人物事典』（乾健治著、第一法規）
『聖徳太子事典』（石田尚豊編、柏書房）
『聖徳太子の本』（学習研究社編）
『奈良県の歴史』（和田萃他、山川出版社）
『奈良六大寺大観』（奈良六大寺刊行会、岩波書店）
『日本仏教史辞典』（今泉淑夫編、吉川弘文舘）
『日本歴史人物事典』（朝日新聞社編）
『秘宝 法隆寺』（講談社）
『仏教語大辞典』（中村元著、東京書籍）
『仏教大事典』（監修古田紹欽、金岡秀友、鎌田茂雄、藤井正雄、小学館）
『仏教大辞典』（望月信亨著、世界聖典刊行協会）
『法隆寺金石文集』（高田十郎編、鵤故郷舎）
『法隆寺献納宝物銘文集成』（東京国立博物館編、古川弘文館）
『法隆寺の至宝』（法隆寺昭和資財帳編集委員会、小学館）
『法隆寺文字瓦銘文集成』（奈良国立文化財研究所編）

（これ以外にも多くの先学の高著を参照させていただいた。記して厚く感謝を申し上げたい。）

法隆寺年表

和暦	西暦	月日	事項	出典
宣化 3年（欽明7年）	538		百済の聖明王が仏像と経論を日本に献じる（書紀では欽明13年冬10月とする）。	帝説
宣化 4年（欽明8年）	539	10月	宣化天皇没。	書紀
宣化 4年（欽明8年）	539	12月 5日	欽明天皇即位。	書紀
宣化 4年（欽明8年）	539		物部尾輿を大連とする。	書紀
欽明元年（欽明9年）	540	7月14日	都を倭国の磯城郡の磯城嶋金刺宮に遷す。	書紀
欽明13年	552	4月	箭田珠勝大兄皇子没。	書紀
欽明30年	569		蘇我稲目没（書記では欽明31年3月とする）。	元興寺縁起
欽明32年	571	4月	欽明天皇没。	書紀
敏達元年	572	4月 3日	敏達天皇即位。百済大井に宮を造る。	書紀
敏達元年	572	5月	欽明天皇の殯を河内古市で行う。	書紀
敏達元年	572	9月	欽明天皇を檜隈坂合陵に葬る。	書紀
敏達 3年	574	1月 1日	聖徳太子生まれる（欽明32年説［愚管抄］、敏達元年説［伝暦］）。	帝説・補闕記
敏達 4年	575	1月	息長真手王の女広姫を敏達天皇の皇后とする。	書紀
敏達 4年	575	4月	新羅、任那、百済に使いを送る。	書紀
敏達 4年	575		宮を訳語田（桜井市戒重か？）に造り、幸玉宮と称する。	書紀
敏達 4年	575	11月	皇后広姫没。	

和暦	西暦	月日	事項	出典
敏達 5年	576	3月10日	豊御食炊屋姫尊を敏達天皇の皇后とする。	書紀
敏達 8年	579	10月	新羅が調と仏像を日本に送る。	書紀
敏達14年	585	2月15日	蘇我馬子が塔を大野丘の北に起てる。	書紀
敏達14年	585	3月30日	物部守屋が寺を焼き、仏像を難波の堀江に捨てる。	書紀
敏達14年	585	8月15日	敏達天皇没。	書紀
敏達14年	585	9月 5日	用明天皇即位。磐余に池辺双槻宮を造る。	書紀
用明元年	586	1月 1日	穴穂部間人皇女が皇后となる。	書紀
用明元年	586	5月	穴穂部皇子が物部守屋に三輪君逆を斬殺させる。	書紀
用明元年	586		用明天皇が法隆寺と薬師仏の造立を発願。	薬師像光背銘
用明 2年	587	4月	用明天皇没。	書紀
用明 2年	587	6月 7日	蘇我馬子が敏達皇后（のちに推古天皇）を奉じて、穴穂部皇子と宅部皇子を殺す。	書紀
用明 2年	587	7月	磐余池上陵に用明天皇を葬る。	書紀
用明 2年	587	7月	蘇我馬子が泊瀬部皇子（のちの崇峻天皇）、厩戸皇子（聖徳太子）らの諸皇子とともに物部守屋を滅ぼす。	書紀
用明 2年	587	8月	崇峻天皇即位。倉梯に宮を造る。	書紀
崇峻元年	588		百済国が、仏舎利、僧、寺工、鑪盤博士、瓦博士を日本国に献じた。	書紀

和暦	西暦	月日	事項	出典
崇峻元年	588		飛鳥に法興寺（飛鳥寺）の建立をはじめる。	書紀
崇峻 4年	591	4月13日	敏達天皇を磯長陵（欽明天皇の皇后石姫）に合葬する。	書紀
崇峻 4年	591	8月	崇峻天皇が任那を再興する詔を発して、2万余の軍を筑紫に集結させる。	書紀
崇峻 5年	592	11月 3日	蘇我馬子が東漢直駒に崇峻天皇を殺させる。即日、崇峻天皇を倉梯岡陵に葬る。	書紀
崇峻 5年	592	12月	敏達皇后が推古天皇として即位。	書紀
推古元年	593	4月10日	厩戸皇子（聖徳太子）立太子、摂政とする。	書紀
推古元年	593	9月	用明天皇を河内磯長陵に改葬。	書紀
推古元年	593		四天王寺起工。	書紀
推古 2年	594	2月	推古天皇が三宝興隆の詔を発する。臣、連たちが競って仏舎を造る。このときから仏舎を寺と呼ぶ。	書紀
推古 2年	594		法隆寺起工。	目録抄
推古 3年	595	5月10日	高麗僧の慧慈が来朝。聖徳太子これに師事する。百済僧の慧聡来朝。	書紀
推古 4年	596	10月	聖徳太子が慧慈や葛城臣と伊予温湯に行く。	釈日本紀
推古 4年	596	11月	法興寺を造り竟る。慧慈、慧聡が法興寺に住む。	書紀
推古 5年	597	4月	百済の王子阿佐が来朝。	書紀

和暦	西暦	月日	事項	出典
推古 6年	598	4月	前年に新羅へ遣わされていた難波吉士磐金が帰国して鵲2隻を献じる。	書紀
推古 6年	598	4月15日	推古天皇の要請によって、聖徳太子が『法華経』『勝鬘経』等の経典の講釈を行い、天皇は、播磨の地50万代を太子に下賜。太子はそれを法隆寺などに施入。	資財帳・帝説
推古 6年	598	8月	新羅が孔雀一隻を日本国に献じる。	書紀
推古 7年	599	4月27日	震度7クラスの地震が発生。多くの家屋が倒壊する。	書紀
推古 7年	599	9月	百済が駱駝1匹、驢1匹、羊2頭、白い雉1羽を日本国に献じる。	書紀
推古 8年	600	2月	新羅征討の軍を派遣。新羅の5城を攻略した。新羅が降伏。	書紀
推古 9年	601	2月	聖徳太子が斑鳩宮を造営。	書紀
推古 9年	601	11月 5日	再び新羅を攻めることを議す。	書紀
推古10年	602	2月	新羅攻撃の将軍に任じられた来目皇子が、2万5000の兵とともに筑紫に赴く。	書紀
推古10年	602	6月	来目皇子が病に臥す。	書紀
推古10年	602	10月	百済僧の観勒が来朝。暦法、天文地理、遁甲方術を伝える。	書紀
推古10年	602	閏10月15日	高句麗僧の僧隆と雲聡が来朝。	書紀
推古11年	603	2月 4日	来目皇子が筑紫で没する。	書紀
推古11年	603	4月	当麻皇子を新羅征討の将軍とする。	書紀

和暦	西暦	月日	事項	出典
推古11年	603	7月 6日	当麻皇子が妻の死により引き返した。	書紀
推古11年	603	10月	聖徳太子が小墾田宮で諸法師に『安宅経』を講じさせた。	扶桑略記
推古11年	603	10月 4日	推古天皇が小墾田宮に遷る。	書紀
推古11年	603	11月	聖徳太子が秦河勝に仏像を授ける。	書紀
推古11年	603	11月	聖徳太子が推古天皇に奏上して大楯及び靫を作る。	書紀
推古11年	603	12月 5日	冠位十二階を制定。	書紀
推古12年	604	4月 3日	憲法十七条を制定（一説に推古13年7月［帝説］という）。	書紀
推古12年	604	9月	朝礼の規定を改める。	伝暦
推古12年	604	10月	聖徳太子が諸寺の仏像を描かせ、黄文画師・山背画師・簀秦画師・河内画師・栖画師などを定める（一説に推古12年9月［書紀］という）。	伝暦
推古13年	605	4月	推古天皇が誓願して銅及び繍の丈六の仏像各1軀を造りはじめる。	書紀
推古13年	605	4月	高麗の大興王が黄金を日本国に献上して天皇の造仏に協力した。	書紀
推古13年	605	7月	聖徳太子が王臣に命じて褶を着させる。	書紀
推古13年	605	10月	聖徳太子が斑鳩宮に居す。	書紀
推古14年	606	4月	元興寺の仏像を造る。	書紀
推古14年	606	4月30日	夜半に斑鳩寺災ありという。	扶桑略記

和暦	西暦	月日	事項	出典
推古14年	606	7月	聖徳太子が推古天皇の要請によって『勝鬘経』を講じる。3日間で説き終える。	書紀
推古14年	606		聖徳太子が『法華経』を岡本宮で講じる。推古天皇大いに喜び、播磨国水田100町を聖徳太子に施した。聖徳太子は、これを斑鳩寺へ納める。	伝暦・書紀
推古15年	607	2月	壬生部を定める。	書紀
推古15年	607	2月 9日	推古天皇が神祇祭拝を詔する。	書紀
推古15年	607	7月	小野妹子を隋に派遣。	書紀
推古15年	607	冬	諸国に池を造り溝を掘る。	書紀
推古15年	607	冬	国ごとに屯倉を置く。	書紀
推古15年	607		推古天皇と聖徳太子が法隆寺を建立し、薬師像を造る。	薬師像光背銘・帝説
推古16年	608	4月	小野妹子が隋から隋使の裴世清とともに帰国する。	書紀
推古16年	608	9月11日	再び小野妹子が隋へ遣わされる。	書紀
推古16年	608	9月17日	聖徳太子が夢殿に参籠する。	補闕記・伝暦
推古17年	609	4月 8日	聖徳太子が『勝鬘経義疏』を作りはじめる。	補闕記・伝暦
推古17年	609	9月	小野妹子が隋から帰国。	書紀
推古18年	610	3月	高麗王が曇徴と法定を貢上る。	書紀
推古18年	610	4月30日	夜半に斑鳩寺災ありという。	補闕記・伝暦
推古18年	610		聖徳太子が高麗僧の曇徴と法定を法隆寺に住まわす。	伝暦

和暦	西暦	月日	事項	出典
推古19年	611	1月25日	聖徳太子が『勝鬘経義疏』を作り終わる。	補闕記・伝暦
推古19年	611	5月 5日	菟田野で薬猟をする。	書紀
推古19年	611	8月	新羅が使者を遣わし朝貢する。	書紀
推古20年	612	1月15日	聖徳太子が『維摩経義疏』を作りはじめる。	補闕記・伝暦
推古20年	612	2月20日	皇太夫人堅塩媛を檜隈大陵に改葬した。	書紀
推古20年	612	5月 5日	羽田で薬猟をする。	書紀
推古20年	612		百済人の味摩之が伎楽を伝えた。	書紀
推古20年	612		聖徳太子が諸氏の子弟壮士に呉鼓（伎楽）を習わさせ、また令を天下に下して鼓を打ち舞を習わさせる。	伝暦
推古21年	613	9月19日	聖徳太子が『維摩経』の疏を作り終わる。	補闕記・伝暦
推古21年	613	11月	聖徳太子が掖上池・畝傍池・和珥池を造り、また難波より京に至る大道をもうけた。	書紀・伝暦
推古21年	613	12月	聖徳太子が片岡山で飢えた旅人に会う。	書紀・伝暦
推古21年	613		聖徳太子が法隆寺を造るという。	興福寺略年代記
推古22年	614	1月	聖徳太子が『法華経』の疏を作りはじめる。	補闕記・伝暦
推古22年	614	8月	聖徳太子が奏して、大臣（馬子）のために僧尼1000人を出家させ、太子自ら具戒を授ける。	伝暦

和暦	西暦	月日	事項	出典
推古23年	615	4月	聖徳太子が『法華経』の疏を作り終わる。	補闕記・伝暦
推古23年	615	11月15日	慧慈が本国（高句麗）へ帰る。	書紀・伝暦
推古24年	616	7月	新羅が仏像を献じる。蜂岡寺に安置。	伝暦
推古25年	617	4月 8日	推古天皇が勅して聖徳太子に再び『勝鬘経』を講読させ、3日間にして説き終える。天皇悦び湯沐の戸を太子に与える。太子これを諸寺に分施。	補闕記・伝暦
推古26年	618	12月	聖徳太子が科長の墓所を検分する。	伝暦
推古27年	619		科長の墓の工を召して「吾以て巳の年の春、必ず彼の処に到らん。汝早く造るべし」という。	伝暦
推古28年	620		この年に、聖徳太子と蘇我馬子が『天皇記』及び『国記』などを記録した。	書紀
推古29年	621	12月21日	太后（穴穂部間人皇后）没。	釈迦像銘・天寿国繡帳銘
推古30年	622	2月21日	菩岐岐美郎女（膳大郎女）没。	釈迦如来光背銘
推古30年	622	2月22日	夜半に聖徳太子没（一説に推古29年2月5日［書紀］という）。	帝説・釈迦像銘・天寿国繡帳銘・伝暦
推古30年	622	3月	聖徳太子の妃、橘大郎女が太子のために天寿国繡帳を作る。	天寿国繡帳銘

和暦	西暦	月日	事項	出典
推古31年	623	2月22日	慧慈法師没（一説に推古30年2月5日［書紀］という）。	帝説
推古31年	623	3月	釈迦三尊像を、鞍首止利仏師が造る。	帝説・釈迦三尊像銘
推古34年	626	5月20日	蘇我馬子没。	書紀
推古34年	626		馬子の墓に聖徳太子の像を描いて張る。	伝暦
推古36年	628	3月 7日	推古天皇没。	書紀
推古36年	628	9月24日	推古天皇を竹田皇子の陵に葬る（のち河内国磯長山田陵に改葬）。	書紀
推古36年	628	12月15日	釈迦三尊像を蘇我馬子の3周忌にあたって造る。	光背銘
推古36年	628		嗣位が未だ定らないときに境部摩理勢が山背大兄王を立てようとした。蘇我入鹿が兵を興して、摩理勢を殺す。	書紀
舒明元年	629	1月 4日	田村皇子（舒明天皇）が即位。	書紀
舒明 5年	633	10月26日	舒明天皇が仁王会のために、蓋黄帳などの諸具を施入。	資財帳
舒明 6年	634	1月15日	豊浦寺の心柱を立てる。	伝暦
舒明13年	641	10月 9日	舒明天皇没。	書紀
皇極元年	642	1月15日	舒明天皇の皇后であった宝皇女が皇極天皇として即位。	書紀
皇極元年	642		この年、双墓を今来に造る。ことごとく上宮の乳部の民を集めて墓所に使役する。これに上宮大娘姫王は、発憤して「天に二つの日無く、国に二つの王無し」という。	書紀

和暦	西暦	月日	事項	出典
皇極 2年	643	11月	蘇我入鹿が巨勢徳太らを遣わして、山背大兄王らを斑鳩宮に襲わせる。聖徳太子の一族が滅亡する。	書紀・帝説
大化 4年	648		巨勢徳太が宣命によって、法隆寺に食封300戸を施入。	資財帳
大化 4年	648		このころ竜田新宮を造営。	
白雉元年	650		山口直大口が詔を奉じて千仏を刻す。	書紀
白雉元年	650		このころ法隆寺金堂の四天王像を造る。	光背銘
白雉 2年	651	7月10日	辛亥年に笠評君のために、金銅観音像を造る（献納宝物）。	台座銘
白雉 5年	654	3月26日	甲寅年に王延孫が父母のために金銅釈迦像を造る（献納宝物）。	光背銘
天智 5年	666	1月18日	丙寅年に高屋大夫が亡くなった夫人のために金銅如意輪観音半跏像を造る（献納宝物）。	台座銘
天智 8年	669	冬	斑鳩寺災ありという。	書紀
天智 9年	670	4月30日	夜半に法隆寺災し、「一屋無余」という。	書紀
天武 2年	673		智蔵が法隆寺に止住。	本朝高僧伝
天武 8年	679		大化4年に施入した法隆寺の食封を停止。	資財帳
天武11年	682	2月	壬午年に飽波書刀自が幡を法隆寺（？）へ奉納（献納宝物）。	墨書
持統年間	687~97		持統天皇が法隆寺へ、通分繡帳2張を施入。	資財帳

和暦	西暦	月日	事項	出典
持統元年	687		『金剛場陀羅尼経』1巻が書写される。	奥書
持統 2年	688	7月15日	戊子年に命過にあたって幡を作る。	墨書
持統 6年	692	2月20日	壬辰年に満得尼が誓願して幡を作る（献納宝物）。	墨書
持統 7年	693	10月26日	持統天皇が仁王会のために法分経台1、同蓋1、同帳2を施入。	資財帳
持統 8年	694	3月18日	法隆寺僧の徳聡などの3僧が父母報恩のために、観世音菩薩像を造る。	造像銘
持統 8年	694	12月 6日	藤原宮に遷都。	書紀
持統 8年	694		持統天皇が法隆寺に『金光明経』1部8巻を施入。	資財帳
慶雲 3年	706		法起寺塔の露盤を造る。	露盤銘
和銅年間	708～15		七大寺内法隆寺を建立。	伊呂波字類抄
和銅元年	708		詔により法隆寺を建立する。	七大寺年表・南都北郷常住家年代紀
和銅 2年	709	3月 5日	天地院建立の供養会に法隆寺僧も出仕。	東大寺要録
和銅 3年	710	3月	平城に遷都。	続紀
和銅 4年	711		五重塔内塑像及び中門金剛力士像を造る。	資財帳
和銅 7年	714	12月	大窪阿古が父のために法隆寺へ幡を施入。	墨書

和暦	西暦	月日	事項	出典
和銅 8年	715	6月	弘福・法隆の2寺において斎会を行う。	続紀
養老 2年	718		橘夫人（県犬養三千代）の発願により行基が西円堂を建立したと伝える。	白拍子・一陽集
養老 3年	719	11月20日	母の尼道果の追善供養のために児の止与古が誓願して幡を作る（献納宝物）。	墨書
養老 3年	719		檀像並びに舎利5粒が唐より将来され、法隆寺の金堂に安置する。	資財帳
養老 5年	721	3月 6日	殿如が存命中の形見として、幡を法隆寺へ納める（献納宝物）。	墨書
養老 5年	721		法隆寺が法分花香具4、机敷4などを作る。	資財帳
養老 6年	722	12月 4日	元正天皇が『金剛般若経』100巻、仏分供養具12、同練施帳4、同漆泥机1、法分小幡100、同緋綱4、同秘錦灌頂1、同褥2、同花香具6、同漆泥筥5、同韓櫃5、同漆泥机3、聖僧供養具12、同漆泥机1などを法隆寺へ施入。	資財帳
養老 6年	722		元正天皇が食封300戸を法隆寺へ施入。	資財帳
養老 7年	723		山部五十の夫人が夫の冥福を祈願して幡を作る（献納宝物）。	墨書
神亀 4年	727		養老6年に施入された法隆寺の食封300戸停止。	資財帳

和暦	西暦	月日	事項	出典
天平元年	729		仁王会のために聖武天皇が、『仁王経』2巻及び法分花覆1、同机敷1、同漆泥筥2、同高坐1などを法隆寺へ施入。	資財帳
天平 2年	730		法蔵の知識を集めて、聖武天皇のために、『智度論』1部100巻を書写。	資財帳
天平 4年	732	4月22日	聖武天皇が立薬師仏像1張、立釈迦仏像1張、十大弟子釈迦仏像1張、観音菩薩像8張などの画像を施入。	資財帳
天平 4年	732	5月23日	照浄尼が（五重塔内に納められていたと伝える）『瑜伽師地論』巻第19を書写。	奥書
天平 5年	733	10月	褥が作られる。	墨書
天平 5年	733		光明皇后が阿弥陀仏法頂1具と褥床を法隆寺へ施入。	資財帳
天平 6年	734	2月22日	光明皇后が五色糸交幡、丈六分の麝香1両などを法隆寺へ施入。	資財帳
天平 6年	734	3月	光明皇后が丈六分の雑物4種、法分漆塗の筥、法分の韓櫃を法隆寺へ施入。	資財帳
天平 6年	734	4月 7日	大地震発生。家屋が倒壊して、圧死者多数。山が崩れ、川が塞がり、地割れが各所に起こる。	続紀
天平 7年	735	12月20日	皇太子阿倍内親王が聖徳太子と聖武天皇のために法花経講説を行うための用度を準備する。	東院縁起
天平 7年	735		法蔵の知識を集めて、聖武天皇のために、『大般若経』1部600巻と『華厳経』1部80巻を書写。	資財帳

和暦	西暦	月日	事項	出典
天平 8年	736	2月22日	光明皇后が丈六分銀多羅2、白銅鏡2、香4種、白筥2、同革筥1を法隆寺へ施入。	資財帳
天平 8年	736	2月22日	行信が道慈を講師に請じて法花経講説を行ったと伝える。このとき皇后宮大進が出仕したという。	東院縁起
天平 8年	736		無漏王が丈六分白銅鏡1を法隆寺へ施入。	資財帳
天平 9年	737	2月20日	行信が聖徳太子所持の鉄鉢1を東院へ奉納。	東院資財
天平 9年	737	2月20日	光明皇后が聖徳太子所持の経典779巻及び経櫃2を東院へ施入。	
天平 9年	737	2月22日	行信が聖徳太子の遺愛品を集めて東院へ納める。	東院資財
天平10年	738	1月17日	聖武天皇が浄寺奴1口を法隆寺へ施入。	資財帳
天平10年	738	3月	聖武天皇が山階寺、鵤寺、隅院、観世音寺などに封戸を施入。	続紀
天平10年	738	4月12日	聖武天皇が食封200戸を施入。	資財帳
天平10年	738	7月 3日	行信が律師に任じられたという。	僧綱補任・七大寺年表
天平11年	739	4月10日	春宮阿倍内親王が行信の奏聞を受け上宮王院夢殿を建立したという。	東院縁起
天平14年	742	2月16日	橘夫人（橘古那可智）が経櫃1、案机1、韓櫃3を東院へ施入。	東院資財
天平17年	745	5月 2日	地震が続いたために、諸寺に7日間の『最勝王経』転読が命じられる。	続紀

和暦	西暦	月日	事項	出典
天平18年	746	5月16日	橘夫人が『大般若経』600巻、『大宝積経』1部120巻、『薬師経』1部49巻を東院へ施入。	東院資財
天平18年	746	10月14日	僧綱が法隆寺などの寺院に資財帳の勘録を命じる。	資財帳
天平18年	746		このころ行信が大僧都に任じられたという？	資財帳
天平19年	747	2月11日	法隆寺三綱が『法隆寺伽藍縁起幷流記資財帳』を作成。	資財帳
天平19年	747	2月29日	皇太子御斎会の奏文（法隆寺東院縁起）を作成して、僧綱に提出（献納宝物）。	奥書
天平19年	747	11月11日	法隆寺東院が法華修多羅の存在の公認と法華経講説の支援を僧綱を通じて聖武天皇に奏上する。	東院縁起
天平19年	747	12月14日	聖武天皇の勅によって法華修多羅の存在が公認される。	東院縁起
天平19年	747	12月20日	行信が聖徳太子と聖武天皇のために『一乗妙典』を講じて、衣服30領、生絹400疋、調綿1000斤、長布500端などの施物を賜わる（一説に天平7年［東院縁起］という）。	斑鳩雑記
天平19年	747		法隆寺東院へ摂津職住吉郡と播磨国賀古郡の墾田が施入される？	東院縁起
天平20年	748	2月22日	行信が聖霊会をはじめる。そのときに、道慈が導師となり聖武天皇と光明皇后が行幸されるという。	東院縁起・別当記

和暦	西暦	月日	事項	出典
天平20年	748		6月17日、僧綱所が法隆寺より提出した『法隆寺伽藍縁起幷流記資財帳』に証判を加え、これを公布する。	資財帳
天平21年	749	4月 1日	聖武天皇が東大寺に行幸。陸奥国から黄金が産出したことを盧舎那大仏に報告する。これを祝って年号を天平感宝と改め、諸寺へ墾田などを施入する。	続紀
天平感宝元年	749	5月20日	聖武天皇が法隆寺にアシギヌ400絁、綿1000屯、布800端、稲10万束、墾田地100町を施入。『華厳経』などを読誦させる。	続紀
天平勝宝元年	749	7月13日	諸寺の墾田所有の限界が定められる。法隆寺は500町が上限となる。	続紀
天平勝宝2年	750	10月 2日	行信没と伝える（3月2日ともいう）。この直後に行信坐像を造る。	僧綱補任・七大寺年表
天平勝宝3年	751		このころ法隆寺が『深密経疏』などの疏を所蔵していた。	正倉院文書
天平勝宝4年	752	4月 9日	東大寺大仏開眼供養。	続紀
天平勝宝4年	752	10月	常陸国信太郡より納められた調布が法隆寺に伝来。	墨書
天平勝宝6年	754	10月	常陸国信太郡より納められた調布が法隆寺に伝来。	古事便覧
天平勝宝7年	755	9月 3日	法隆寺僧などが『光明皇后願経』を校正。	聖語蔵所蔵光明皇后御願寺心経三

和暦	西暦	月日	事項	出典
天平勝宝7年	755	10月13日	東大寺戒壇院の供養会に法隆寺僧も出仕し、授戒には大小十師各1人を出す。	東大寺要録
天平勝宝8年	756	7月 8日	光明皇后が、聖武上皇遺愛の品として帯1条、刀子3口、青香木20節を法隆寺など18箇寺に施入。	法隆寺献物帳
天平勝宝8年	756	10月	常陸国信太郡より調布を進納(献納宝物)。	墨書
天平勝宝9年	757	1月20日	法隆寺の所領田地とその所得の目録を作成する。	法隆寺文書
天平宝字4年	760	6月	光明皇太后没。	続紀
天平宝字5年	761	3月 4日	法隆寺で塔分の白檀香木の重さを量る(献納宝物)。	墨書
天平宝字5年	761	10月 1日	東院の僧が『東院仏経幷資財條』を勘録する。	東院資財
天平宝字8年	764	9月	百萬塔を造りはじめる。	続紀
天平神護3年	767	1月	吉祥悔過を諸国分寺で修する。	続紀
神護景雲元年	767	9月 5日	行信が発願した『大般若経』など2700巻の写経事業を法嗣の孝仁が完成。	経巻奥書
神護景雲2年	768	1月	吉祥悔過を講堂ではじめる。	寺要日記
神護景雲4年	770	4月26日	百萬塔が完成。法隆寺など諸寺に分置。	続紀
宝亀 2年	771	1月	諸国の吉祥悔過を停止する。	続紀

和暦	西暦	月日	事項	出典
宝亀 2年	771	8月26日	僧綱及び法隆寺をはじめ十二寺などの印を鋳造。各寺院に頒布。	続紀
宝亀 3年	772	11月	詔して諸国分寺に毎年1月7日に吉祥悔過を行わせ、これを恒例とする。	続紀
天応 2年	782	2月 3日	法隆寺で仏分の資財栴檀香と塔分の資財白檀香との検量を行う。	銘文
延暦 2年	783		行信が維摩会で使用した如意を法隆寺に施入。	古事便覧
延暦13年	794	10月	平安遷都。	続紀
延暦13年	794		法隆寺僧の忠恵が叡山根本中堂落成供養に出仕。唄師をつとめる。	叡山要記
延暦17年	798	6月	大安、元興、弘福、薬師、四天王、興福、法隆、崇福、東大、西大の十大寺を官寺とし僧綱並びに十大寺三綱、法華寺鎮等の従僧を定める。童子に食料を支給する。	類聚三代格・七大寺年表
延暦20年	801		栴檀香木及び白檀香木の重さを量る（献納宝物）。	墨書
弘仁 2年	811		法隆寺僧の品恵が維摩会講師に任ぜられる。	僧綱補任
天長 2年	825	1月	嵯峨上皇が御斎会の総衆並びに四天王寺と法隆寺の夏安居講師を定める。	類聚三代格
天長 5年	828		慈覚大師円仁が法隆寺に参詣して『法華経』を講ずるという。	慈覚大師伝

和暦	西暦	月日	事項	出典
天長 5年	828		『大毘盧遮那経』（吉備由利願経）を西大寺四王堂から法隆寺に移す。	紀略
承和年間	834～48		延鳳大徳（専寺人）別当に補任。	別当記
承和14年	847	閏3月1日	最安が『大菩薩蔵経』を書写。	奥書
嘉祥 3年	850	3月	道詮が仁明天皇の臨終に戒を授ける。	続後紀
斉衡元年	854		道詮が最勝会の講師となる。	三会定一記
斉衡 2年	855		大地震発生。東大寺の大仏の首にひびが入り、落下する。	文徳実録
天安元年	857	6月	道詮が座主となって文徳天皇御前で論議を行う。	文徳実録
貞観元年	859	5月	道詮が東院に私水田7町4段を施入。	三代実録・東院縁起
貞観元年	859	9月19日	道詮が奏上して夢殿を修理。	三代実録・東院縁起
貞観元年	859		聖宝（延喜9年没）が東院を修理したという。	五八代記
貞観 3年	861	3月14日	東大寺仏頭供養会に法隆寺などの諸大寺僧が出仕。	東大寺要録
貞観 3年	861		道詮の弟子の長賢が講師となる。	三会定一記
貞観 3年	861		法隆寺僧も三会に出仕。	類聚三代格
貞観 6年	864	2月26日	道詮が律師に補任。	三代実録
貞観 8年	866	7月10日	法隆寺使用の瓦磚を作る。	刻銘
貞観10年	868	5月15日	法隆寺の僧が毎年の維摩、最勝両会の竪義に出仕することが恒例となる。	三代実録・類聚三代格

和暦	西暦	月日	事項	出典
貞観15年	873	3月 2日	道詮没（一説に貞観18年10月2日という）。	僧綱補任
貞観15年	873	4月	このころに道詮坐像を造る。	東院縁起
元慶 2年	878		長賢律師（専寺人）別当に補任。	別当記
元慶 4年	880	11月29日	清和上皇の病気平愈を祈って、法隆寺など9箇寺に『大般若経』を転読させる。	三代実録
元慶 8年	884	11月13日	僧綱から南都諸大寺に対して検校別当の決定を通達。	東南院文書
仁和 2年	886	6月19日	天変の予言によって法隆寺など9箇寺に『大般若経』の転読を命じ、その供料として新銭などを施入。法隆寺には新銭3貫文、名香などを施入。	三代実録
仁和 3年	887	7月30日	申刻に大地震発生。数刻を経ても収まらなかった。京都では家屋が倒壊し被害甚大。亥刻に余震3回あり。同じ日に全国でも大地震があり、津波によって多数の溺死者が出た。その被害は摂津国が最も甚大。その後も余震が続いた。	三代実録
寛平年間	889~98		慈願大徳（専寺人）が別当に補任。	別当記
昌泰元年	898		禎杲内供（専寺人）が別当に補任。	別当記
昌泰 4年	901	6月28日	東大寺で行われた解除会に法隆寺から20口の僧が出仕。	東大寺要録
延喜 4年	904		長延大徳（専寺人）が別当に補任。	別当記

和暦	西暦	月日	事項	出典
延喜年間	908 ～23		寛延律師が別当に補任。	別当記
延長年間	923 ～31		観理大僧都（東大寺人）が別当に補任。	別当記
延長 3年	925		講堂、北室、鐘楼など焼失。	別当記・目録抄・法頭略記・白拍子
延長 4年	926	12月19日	宇多法皇の60歳を賀して七大寺で誦経が行われ、法隆寺に布500端を施入。	扶桑略記
承平 2年	932		法縁已講（東大寺人）が別当に補任。	別当記
承平 5年	935	5月 6日	東大寺供養会に法隆寺僧が出仕。	東大寺要録
承平 8年	938	4月15日	亥刻に大地震発生。京都の堂塔や仏像が倒壊した。高野山の伽藍も倒壊。	康富記・他
天慶年間	938 ～47		湛照僧都（興福寺人）が別当に補任。	別当記
天慶年間	938 ～47		この湛照別当の在任中に湛照が天満宮を建立。天満御霊会始祭。	寺要日記・一陽集
天慶 8年	945	6月30日	公堂修理。	貞信公記
天暦 2年	948		『法隆寺安居功徳講表白』が作られる。	一陽集
天暦11年	957	4月 9日	大和の不動穀を法隆寺など大和の17箇寺に支給する。	紀略
天暦11年	957		法隆寺に如意を施入（献納宝物）。	針書銘

和暦	西暦	月日	事項	出典
天徳 4年	960	4月 9日	疫病消散のため七大寺などで『大般若経』の転読が行われ、法隆寺僧も15口が出仕。	類聚符宣抄
応和 3年	963	11月13日	従儀律師千叙が法隆寺の仏名会料として仏名経函を施入。	古事便覧・蓋裏刻銘
康保元年	964		法縁律師（興福寺人）が別当に補任。	別当記
安和元年	968		このころ法蓮已講が別当に補任。	別当記
天延元年	973		実算大威儀師（興福寺人）が別当に再任。	別当記
天元 2年	979		長隆律師（東大寺人）が別当に補任。	別当記
天元 5年	982	5月21日	夜半に泥棒が金堂の壁を切り破って入り、西間仏像5体盗難（一説に西間阿弥陀三尊が盗まれるという）。	別当記・目録抄
寛和元年	985		忠教威儀師（東大寺人）が別当に補任。	別当記
永延元年	987	10月26日	円融法皇が南都七大寺を巡礼。	紀略
永祚元年	989	8月13日	大風により上御堂が倒壊（一説に同3年という）。	別当記・法頭略記・目録抄
正暦元年	990		仁階大徳（東大寺人）が別当に補任。	別当記
正暦元年	990		定好已講が上宮王院院主に補任。	別当記
正暦元年	990		講堂と鐘楼再興。	別当記・目録抄

和暦	西暦	月日	事項	出典
正暦 5年	994	4月20日	疫病消散のため七大寺の僧が東大寺大仏殿で『大般若経』を転読、法隆寺僧40口が出仕。	類聚符宣抄
長徳元年	995		長耀大徳（醍醐住僧、東大寺分）が別当に補任。	別当記
長徳元年	995		このころ金堂の修理を行う。	法頭略記
長徳 2年	996		このころ食堂薬師三尊臂が折れて光背も無くなっていたという。	文永修理銘所引の長徳二年交替帳
寛弘 2年	1005		観峰大威儀師（仁和寺、東大寺分）が別当に補任。	別当記
寛弘 2年	1005		このころより寛仁2年（1018）ごろまで五重塔や鐘楼を修理。	法頭略記
寛仁 4年	1020	12月27日	延轉君（東大寺分）が別当に補任。	別当記
治安 3年	1023	10月26日	大相国入道道長が法隆寺及び上宮王院に参詣して上宮王院を修理する。	別当記
治安 3年	1023	10月26日	綱封蔵を開封。	別当記
万寿 2年	1025		永照大僧都（興福寺人）が別当に補任。	別当記
万寿 4年	1027	9月 6日	円成院千手堂で一万花供を行う。	目録抄
長元 2年	1029		仁満威儀師（仁和寺人）が別当に補任。	別当記
長元 4年	1031	6月	南大門建立（このとき、現在地に移建か）。	別当記
長元 8年	1035	8月27日	久円威儀師が別当に補任。	別当記

和暦	西暦	月日	事項	出典
長元 8年	1035		久円別当在任中に西大門を建立。	別当記
長暦 3年	1039	12月	親誉大徳が別当に補任。	別当記
永承 2年	1047		興福寺の再興に法隆寺も協力した。	造興福寺記
永承 3年	1048	12月22日	琳元已講（興福寺人）が別当に補任。	別当記
永承 5年	1050	5月23日	西円堂倒壊（一説に永承元年5月17日［一陽集］、永承3年5月23日［目録抄］、永承5年5月13日［天保記］という）。	別当記
天喜 5年	1057	10月15日	長照大僧都（興福寺喜多院）が別当に補任。	別当記
天喜 5年	1057		長照別当在任中に岡元院講堂の修理を行う。	別当記
康平 2年	1059	6月25日	綱封蔵を開封。	別当記・目録抄
治暦 3年	1067	12月26日	彦祚（長楽寺あるいは興福寺）が別当に補任。	別当記
治暦 5年	1069	2月 5日	仏師の僧円快と秦致真（貞）が聖徳太子七歳像を造る。	墨書
治暦 5年(延久元年)	1069	2月~5月	絵師の秦致真（貞）が上宮王院絵殿内の障子絵を描く。	別当記
延久元年	1069	6月16日	絵殿に聖徳太子絵伝を納める。	別当記
延久 2年	1070	2月20日	公範大僧都（興福寺新院）が別当に補任。	別当記
延久 4年	1072	冬	一部の僧が寺家政所に請い、法隆寺の西嶺の地を得て、堂宇(金光院）を建立し、不断三昧の道場とする。	法隆寺文書

和暦	西暦	月日	事項	出典
延久 6年	1074	1月14日	慶深已講(興福寺)が別当に補任。	別当記
承保 2年	1075	5月30日	能算大威儀師（興福寺人）が別当に補任。	別当記
承保 2年	1075	6月	能算別当の在任中に聖霊会を二度行う。	別当記
承保 3年	1076	1月13日	行信僧都と道詮律師の坐像を夢殿内の壇上に安置。	別当記
承暦 2年	1078	1月 7日	毘沙門天と大吉祥天の両立像を造りはじめる。	吉祥御願旧記
承暦 2年	1078	10月 3日	金光院の僧が所領の田地1町の地子並びに雑役の免除を法隆寺政所に請い免除された（一説に承暦3年という）。	法隆寺文書
承暦 2年	1078	10月 8日	橘寺より小仏49体などを金堂内に移す。	金堂日記
承暦 2年	1078	11月12日	毘沙門天像と大吉祥天像を金堂内に安置。	金堂日記・吉祥御願旧記
承暦 2年	1078	12月 2日	毘沙門天像と大吉祥天像の開眼供養を行う。	金堂日記・吉祥御願旧記
承暦 2年	1078		このころ藤ノ木古墳の西の土地の字名を墓田池尻と呼んでいたと法隆寺文書に記載。	法隆寺文書
承暦 3年	1079	1月 8日	吉祥悔過の法要を講堂から金堂へ移す。	目録抄・別当記
承暦 4年	1080	7月11日	綱封蔵の西面が倒壊。	別当記
承暦 4年	1080	8月 3日	綱封蔵の修理のために勅使下向。	別当記
永保元年	1081		上御堂で仏供燈明はじまる。	別当記

和暦	西暦	月日	事項	出典
永保元年	1081		西室が雷火のため焼失、北頭の1坊のみが残る。	別当記
寛治 5年	1091	8月 7日	申刻に近畿で大地震発生。法成寺堂塔、金峰山金剛蔵王宝殿など破損。	扶桑略記
嘉保元年	1094	12月30日	永超大僧都（興福寺新院）が別当に補任。	別当記
嘉保 3年	1096	3月12日	延真律師（興福寺）が別当に補任。	別当記
嘉保 3年	1096	7月24日	大地震発生。綱封蔵が倒壊。	別当記
嘉保 3年	1096	11月24日	東海沖地震発生。東大寺の鐘や塔の九輪が落ち、薬師寺の廻廊が倒壊。	中右記
嘉保 3年 ～ 康和 3年	1096 ～ 1101		金堂を修理。	別当記
承徳元年	1097		このころ金堂阿弥陀三尊像盗難。	目録抄・光背銘
承徳 3年	1099	1月24日	南海沖地震発生。京都で被害甚大。	本朝世紀
康和 3年	1101	1月14日	定真大僧都（興福寺八室）が別当に補任。	別当記
康和 4年	1102	10月 9日	来迎会料として木彫菩薩面を造る。	墨書
嘉承元年	1106		大江親通が南都七大寺を巡礼し『七大寺日記』を著す。	七大寺日記
嘉承元年	1106		五重塔修理。	七大寺日記
嘉承 2年	1107	2月	金堂料幡6流及び聖霊会料装束6具を作る。	別当記

和暦	西暦	月日	事項	出典
嘉承 2年	1107	5月吉日	実乗が葦垣宮跡に成福寺を建立。	補忘集
嘉承 2年	1107		定真が別当在任中に中宮寺の塔を修理。猪那部池を築造。	別当記
嘉承 2年	1107		上御堂、綱封蔵、東室大坊倒壊。	別当記
嘉承 2年	1107		春ごろ聖霊院を建立したという。	一陽集
天仁 2年	1109	11月30日	経尋律師（興福寺黄薗）が別当に補任。	別当記
天永 2年	1111	4月 8日	仏生会を始行。	別当記
天永 2年	1111	4月12日	開浦院住僧が解文を政所に捧げ地子物の免除を請う。	法隆寺文書
永久 2年	1114		勝賢が『法隆寺一切経』の写経事業を発願。	経巻奥書
永久 3年	1115	2月21日	聖霊会料として免田5反が法隆寺へ寄進される。	別当記
永久 3年	1115	3月27日	夜に中門の金口鐘が盗まれる。	別当記
永久 4年	1116		上宮王院院主職を停止。	別当記
元永元年	1118	10月 2日	勝賢発願の写経2700余巻完成し、小田原経原上人を導師として『一切経』の開題供養を行う。	勧進疏
元永 2年	1119		講堂で仏生会をはじめる。	別当記
保安 2年	1121	11月21日	経源を導師として聖霊院本尊の開眼供養を行う。	別当記
保安 2年	1121		東室大坊を新造し南面を改造して聖霊院とする。その院内に聖徳太子及び侍者像など5体を奉安。	別当記

和暦	西暦	月日	事項	出典
保安 3年	1122	3月23日	林幸などの一山の僧たちが協力して4400余巻の写経事業を行う。	法隆寺林幸一切経書写勧進状
天治元年	1124	12月18日	寺僧の林覚が古麻田の地3反を聖霊会料とするために、法隆寺政所の裁許を得る。	法隆寺文書
大治元年	1126	7月19日	開浦院院主の源義が開浦三昧堂を改めて三経院を建立。	法隆寺文書
大治5年〜天承元年	1130〜1131		中門西廊7間を修理。	別当記・法頭略記
天承元年	1131	2月？	このころ上宮王院修二月御行に花餅免田が寄進される。	別当記
天承元年	1131		猪那部池の樋を作る。	別当記
天承元年	1131		このころ食堂を修理。	別当記
天承 2年	1132	1月14日	源義が三経院へ仏像（釈迦、観音、阿弥陀）、経巻、田畠などを寄進。	源義施入状案
天承 2年	1132	2月？	上宮王院の料として庭長幡12流、大幡4流を作る。	別当記
天承 2年	1132	4月21日	智印が慈恩大師書讃及び頌を書写。	奥書
天承 2年	1132	5月27日	覚誉律師（興福寺法雲院）が別当に補任。	別当記
天承 2年	1132	7月	覚誉別当の在任中に金堂吉祥御願仏供餅田を寄進。	別当記
長承 2年	1133	2月18日	上宮王院で長日読経を始行。	別当記
保延 4年	1138	2月22日	上宮王院へ八部衆面が施入される。	墨書
保延 4年	1138	2月26日	釈迦如来像を造立。	像内墨書

和暦	西暦	月日	事項	出典
保延 4年	1138	8月13日～27日	覚厳五師が金銅舎利塔を建立（献納宝物）。	台座墨書
保延 6年	1140		大江親通が再び南都七大寺を巡礼し『七大寺巡礼私記』を著す。	七大寺巡礼私記
永治元年	1141	11月 8日	隆慶が先師林幸の１周忌を供養して仏名会を行い『仏名経』を奉納。	奥書
永治元年	1141	11月24日	覚晴律師（興福寺）が別当に補任。	別当記
康治 3年	1144	2月22日	勝賢五師が聖霊会料として鉦鞁3を造る。	銘・古事便覧
天養元年	1144	10月	還城楽面が造られる。	朱塗銘
天養元年	1144	10月	抜頭面が造られる。	朱漆銘
天養元年	1144	10月	地久面が造られる。	
天養元年	1144	11月	法隆寺三綱が奏して上宮王院の破壊汚損の修理を請う。	古事便覧
久安 2年	1146	11月 2日	講堂を修理。	別当記
久安 3年	1147	春	講堂に丹白土などを塗る。	別当記・法頭略記
久安 3年	1147	6月29日	上宮王院廻廊を修理。	別当記・法頭略記
久安 3年	1147		南大門前に大鳥居を建てる。	別当記・法頭略記
久安 3年	1147		高宝蔵（綱封蔵）の南端を修理。	別当記・法頭略記
久安 4年	1148	5月29日	信慶律師（興福寺東院）が別当に補任。	別当記

和暦	西暦	月日	事項	出典
久安 4年	1148		信慶別当がはじめて下向したときに上宮王院の蓮花会料として免田3段を法隆寺へ寄進。	別当記
仁平 2年	1152		夢殿の屋根を葺き替える（慶世の沙汰）。	別当記
仁平 3年	1153	12月26日	惣社造立（3所を1所とする）。	別当記
仁平 3年	1153		西院廻廊北東の角並びに東西廊6間を改造（慶世の沙汰）。	別当記
久寿 2年	1155	5月24日	覚長法橋（興福寺東院）が別当に補任。	別当記
久寿 3年	1156	3月29日	四天王寺の諸僧、楽人、舞人が法隆寺の講堂前で舎利供養を行う。	別当記
保元元年	1156	5月28日	静寂が勧進上人となり、東院伝法堂内の帝釈天、梵天両像を修理。	胎内墨書
保元 3年	1158	2月上旬~6月上旬	五重塔修理。	別当記・一陽集
保元 3年	1158	10月 9日	五重塔の露盤を造る。	陰刻銘
保元 3年	1158		食堂で五重塔の金具を改鋳し伏鉢を新調。	別当記・一陽集
永暦元年	1160	11月17日	覚長別当が白銀香炉1口を舎利殿へ施入。	別当記
永暦 2年	1161	8月11日～	中門を修理。	別当記
応保 2年	1162	7月	食堂を修理。	別当記
応保 3年	1163	2月	聖霊会料の舞台打橋を造る。	別当記
応保 3年	1163	2月29日	東院鐘楼を建立。	別当記
長寛 2年	1164		中宮寺の塔を修理。	別当記

和暦	西暦	月日	事項	出典
長寛 3年	1165		相慶五師が誓願して、破損をしている『大般若経』を修理し、新たに300巻を書写して600巻とした。	奥書
永万元年	1165	7月下旬	東院夢殿を修理。	別当記
永万元年	1165	8月	上宮王院絵殿の戸3間を改修。	
永万 2年	1166	5月	『維摩経義疏』に移点する。	奥書
永万 2年	1166	8月 9日～	夢殿の八面の柱を建て直す。	別当記
承安 2年	1172	3月	東院礼堂を修理。	法頭略記・別当記
承安 2年	1172	10月22日	綱封蔵を開封。	目録抄
承安 2年	1172		大湯屋の湯船を法隆寺が買いとる。	別当記
承安 2年	1172		神南寺の鐘を三経院に懸ける。	別当記
承安 3年	1173	11月 3日	一臈の覚印が『仏名大会咒願』を書写。	寺要日記
承安 4年	1174	3月 4日	絵師の淡路君など8人が絵殿の障子絵を修理（一説に承安2年［一陽集］という）。	別当記
承安 5年	1175	2月22日	金堂の壁を切り破って盗人が入り、鐘、錫杖、火舎、閼伽器など盗難。	別当記
承安 5年	1175	3月22日	三経院に田1町免田が寄進される。	別当記
安元 2年	1176	3月21日	賀宝僧都（勧修寺）が別当に補任。	別当記
治承 2年	1178	8月 5日	覚印が太子御仏供米を聖霊院へ寄進。	法隆寺文書
治承 2年	1178		金山寺香炉（大定18年）を造る。	銘

和暦	西暦	月日	事項	出典
治承 4年	1180	1月13日	恵範法眼（興福寺西南院）が別当に補任。	別当記
治承 4年	1180	4月25日	貞慶が『虚空蔵要文』を著す。	奥書
寿永元年	1182	5月30日	厳融相伝の平群郡7条6里23坪を6石で法隆寺僧の尊栄に売却。	平安遺文
寿永 2年	1183	12月22日	新聖霊院に八講燈油免田が寄進される。	法隆寺文書
元暦 2年	1185	7月 9日	京都に地震発生。白河辺の被害甚大という。	
文治元年	1185	8月28日	東大寺大仏開眼供養に法隆寺僧40口が出仕。	東大寺続要録
文治元年	1186	12月19日	鎌倉より法隆寺へ源義経（義顕）の捜索状が届く。	法隆寺文書・古事便覧
文治元年	1186		このころ東院の破損が甚大という。	東院縁起
文治 2年	1187	春	中門仁王像を彩色（仏師・元興寺二郎房）。	別当記
建久年間	1190~99		源頼朝が竹帙を法隆寺へ施入。	古事便覧
建久元年	1190	6月 2日	後白河院が法隆寺へ参詣。	目録抄
建久 2年	1191	8月30日	範玄僧正が別当に補任。	別当記
建久 2年	1191	秋	親鸞が法隆寺円明院で覚運より因明を学ぶという。	一陽集・正統伝
建久 2年	1191	12月29日～閏12月4日	后宮が南都七大寺を巡礼。	南都巡礼記
建久 3年	1192	1月	僧実叡が『建久御巡礼記』を著す。	奥書
建久 3年	1192		上宮王院で法華十講を行う。	別当記

和暦	西暦	月日	事項	出典
建久 4年	1193	4月 7日～19日	上宮王院夢殿の天井を造る。	別当記
建久 4年	1193	9月20日	興福寺金堂供養に法隆寺僧5口が出仕。	別当記
建久 5年	1194	3月	東大寺供養に法隆寺僧30口が出仕。	別当記
建久 6年	1195	1月30日	覚弁法印が別当に補任。	別当記
建久 6年	1195	3月12日	東大寺供養に法隆寺僧が出仕。	東大寺続要録
正治元年	1199	12月	源頼朝が聖霊会の幡を法隆寺へ寄進。	別当記
正治元年	1199	12月 4日	成宝僧都が別当に補任。	別当記
正治元年	1199	12月 5日	興福寺西金堂衆が法隆寺へ乱入して大湯屋の釜を取る。	別当記
正治元年	1199	12月 6日	再び西金堂衆が法隆寺に乱入して民家25軒を焼く。	別当記
建仁 2年	1202	9月19日	僧聖縁が東室小子房南端3間を売却。	法隆寺文書
建仁 3年	1203	10月24日	惣社を造替して神移の儀を行う。	別当記
建仁 3年	1203	11月29日	東大寺総供養に法隆寺僧20口が出仕。	別当記
元久元年	1204	4月	金堂を修理。	別当記
元久 2年	1205		三経院で三経講讃を行う。	別当記
元久 2年	1205		蔵（綱封蔵）の宝物を南倉より北倉に移す。	別当記
元久 2年	1205		円運が『如意輪講式』を書写。	奥書
建永元年	1206	6月16日	大湯屋の湯船を亀瀬より引く。	別当記

和暦	西暦	月日	事項	出典
建永元年	1206		講堂を板敷きとして戸を外開きに改造。	別当記
承元元年	1207		兼光僧都（東大寺、勧修寺）が別当に補任。	別当記
承元 2年	1208		惣社造営。	嘉元記
承元 4年	1210	5月	栄舜が悔過谷の地4段を講演料田として三経院へ寄進。	法隆寺文書
承元 4年	1210	5月22日	相慶が発願して『大般若経』（行信経）の修理、補筆を行い、智昭が校合を加えて法隆寺へ施入。	法隆寺文書
承元 4年	1210		金光院を旧地施鹿苑寺より現宗源寺地へ移すという。	一陽集
承元 4年	1210		範圓別当（興福寺菊園）が別当に補任。	別当記
承元 5年	1211	1月15日	藤原仲子が仏生会料を法隆寺へ寄進。	寺要日記
承元 5年	1211		範圓別当が夢殿で三経を講讃。	別当記
承元 5年	1211		このころ解脱上人が法隆寺瓦坊に住すという。	一陽集
建暦元年	1211	4月23日	『一切経』一院一日書写を行う。	別当記
建暦元年	1211	9月 1日	金堂内に盗人が入って金銅仏3体盗難。うち1体は推古天皇の念持仏という。それ以後、宿直4人を置く。	別当記
建暦元年	1211	9月 6日	解脱上人が勧進して上宮王院で釈迦念仏をはじめる。	別当記
建暦 2年	1212	2月 8日	尼妙阿弥陀仏が平群郡飽波東郷の池1段を法隆寺へ寄進。	法隆寺文書

和暦	西暦	月日	事項	出典
建暦 2年	1212	9月26日	解脱上人の勧進によって聖霊院で観音宝号をはじめる。	別当記
建暦 2年	1212	11月29日	11月29日より3日間、上宮王院で勝鬘会をはじめる。この作法儀式は興福寺の維摩会に準じたものという。	別当記
建暦 2年	1212		このころ範圓別当、解脱上人貞慶によって法隆学問寺の伝統を復興。	別当記
建保元年	1213	11月	勝鬘会竪義をはじめる。	別当記
建保 3年	1215	1月27日	夜丑刻に明恵が舎利講式を著す。	奥書
建保 4年	1216	6月	慶了が『舎利和讃』を書写。	奥書
建保 4年	1216		慈恩会竪義をはじめる。	別当記
建保 4年	1216		このころ金堂内に銀仏60余体が安置されていたという。	菅家本諸寺建立次第
建保 6年	1218	秋	東院五所社を造営。	別当記
建保 6年	1218	12月 6日	西大寺の塔供養に法隆寺僧15口が出仕。	別当記
建保 7年	1219	2月 6日	金堂に盗人が入り、数体の仏像を盗む。即刻盗人捕まり仏像は無事還る。	別当記
建保 7年	1219	2月26日～	上宮王院舎利殿の建立をはじめる。	棟木銘
建保 7年	1219	3月29日	舎利殿上棟。	別当記
承久 2年	1220	7月16日	寅刻に盗人が法隆寺に夜打をかける。	別当記・嘉元記
承久 4年	1222	3月11日	舎利殿太子御影を画師の尊智が描く。	別当記

和暦	西暦	月日	事項	出典
貞応元年	1222	12月20日	隆詮五師の発願によって御持堂(舎利殿)で供養法を行う。大施主は栄真春仏房。	別当記
貞応 2年	1223	2月10日	範圓別当が興福寺別当に転任。	別当記
貞応 2年	1223	3月 4日	範信大僧都（興福寺東院）が別当に補任。	別当記
貞応 2年	1223		講堂の板敷を取りのぞき床とする。	別当記
貞応 3年	1224	4月19日	聖霊院で童竪義を行う。	別当記
嘉禄元年	1225	7月30日	弓削庄訴訟のために聖霊院の御影が上京。御供の僧30余口、訴訟ならずして9月2日に下向。	法隆寺文書
嘉禄元年	1225	12月17日	僧良増が東室の小子房3間を売却。	法隆寺文書
嘉禄 2年	1226	1月26日	僧実善が東室の第4室を売却。	法隆寺文書
嘉禄 2年	1226	10月	僧慶憲が東室の第6室を売却。	別当記
嘉禄 3年	1227	2月22日	範圓僧正再び別当に補任。	別当記
嘉禄 3年	1227	4月16日~7月14日	三経義疏談義を行う。	別当記
嘉禄 3年	1227	7月14日	夜半に講問番論議を行う。	
嘉禄 3年	1227	夏	勅宣により勝鬘会料並びに談義料として播磨国鵤庄水田18町を定める。	別当記
嘉禄 3年	1227	11月15日	勝鬘会を東院より講堂前に移して行う。	別当記
嘉禄 3年	1227		経蔵を修理。	別当記
嘉禄 3年	1227		このころに勝鬘会の本尊救世観音の模像を造り、講堂に奉安したという。	目録抄

和暦	西暦	月日	事項	出典
安貞 2年	1228	4月23日	多武峰焼失。そのために5月26日に南都七大寺閉門。法隆寺は28日閉門。	別当記
安貞 2年	1228	7月 8日	上宮王院御影堂で千手供養法を行い供僧6口を置き、隆慶が1町6段の田圃を寄進。	別当記
寛喜元年	1229	5月	東大門修理。	別当記
寛喜元年	1229	5月 9日～18日	金堂の屋根を葺き替える。	別当記
寛喜 2年	1230	4月13日～	夢殿修理。桁一重、鴨居一重を加える。	別当記
寛喜 2年	1230	11月14日	三経講をはじめる（勧学講ともいう）。	別当記
寛喜 3年	1231	3月 8日	金堂阿弥陀仏を奉鋳。	別当記
寛喜 3年	1231	3月14日	金堂阿弥陀仏の脇侍を奉鋳。	別当記
寛喜 3年	1231	4月 8日～	西室の再建をはじめる。18日立柱。24日上棟。この修理から南端7間3面4間を三経院とする。	棟木銘・別当記
寛喜 3年	1231	9月18日～	礼堂修理。10月22日上棟。南北3尺、東西3尺5寸を増築。	別当記
寛喜 3年	1231	9月24日	範圓別当没。	別当記
寛喜 3年	1231	11月 7日	覚遍法印権大僧都（興福寺光明院）が別当に補任。	別当記
貞永元年	1232	8月 5日	金堂阿弥陀仏像の開眼供養を行う。	光背銘
天福元年	1233	12月 4日	岡本寺塔の伏鉢をもって聖霊院の鐘を鋳し懸ける。同時に中門西間の金口を懸ける。	別当記

和暦	西暦	月日	事項	出典
天福元年	1233		隆詮が金堂東之間の天蓋を奉懸。	墨書
天福 2年	1234	8月23日	金光院に供僧4口（三昧3口、承仕1口）を置き、供田料として大中臣四子並びに勧進覚増が水田4段を寄進。	別当記
天福 2年	1234	9月	中門の金剛力士像を彩色。	別当記
文暦元年	1234	11月18日	上宮王院へ聖徳太子の御影を安置して供養する。	別当記
文暦 2年	1235	4月 4日～	上宮王院の正堂の石壇を修理。	別当記
文暦 2年	1235	7月 1日	三経院へ法相宗祖曼荼羅並びに聖徳太子の御影を奉安。願主・慶政、絵師工・覚盛。	別当記
嘉禎 2年	1236	4月 8日	上宮王院舎利殿前で『法華経』の転読をはじめる（発願導師・慶政）。	別当記
嘉禎 2年	1236	6月27日	三経院前の池を掘りはじめる。	別当記
嘉禎 2年	1236		東院廻廊ほぼ完成。	嘉元記
嘉禎 3年	1237	3月	金光院四足門並びに築地を造立。	別当記
嘉禎 3年	1237	4月 8日	万燈会並びに五百七十坏供養を行う。	別当記
嘉禎 3年	1237	7月～9月18日	舎利殿前で高蔵殿が千部法華経を転読。	別当記
嘉禎 3年	1237	9月	西大門を修理。	別当記
嘉禎 3年	1237	11月	上宮王院礼堂並びに廻廊の屋根を葺き替える。	別当記
嘉禎 3年	1237	12月	五重塔下の石壇を造立。	別当記

和暦	西暦	月日	事項	出典
嘉禎 3年	1237		慶政が発願して五重塔北方涅槃像並びに脇侍を修理して彩色する。	別当記
嘉禎 4年	1238	1月	四条天皇が坂本領新開1所を法隆寺へ寄進。	古事便覧
嘉禎 4年	1238	夏	このころ聖霊院院主顕真が『聖徳太子伝・私記亦古今目録抄』を著す。	目録抄
嘉禎 4年	1238	10月 8日	東大寺大仏殿千僧供養に法隆寺僧25口が出仕。	東大寺続要録
延応元年	1239	5月 1日	中門の金剛力士像を彩色。	別当記
延応元年	1239		薬師寺最勝会に法隆寺僧の後憲と顕信が出仕。	別当記
延応元年	1239		五重塔の四方塑像を修理。	別当記
延応 2年	1240	2月 8日	廻地蔵講をはじめる。勧進は円親。	嘉元記
延応 2年	1240	5月 8日	八寸の阿弥陀仏1体外9体を舎利殿に安置していたが、法隆寺の沙汰で金堂に遷した。	金堂日記
仁治 3年	1242	10月 ?	綱封蔵の宝物を北倉より南倉へ移す。	法頭略記
仁治 3年	1242	11月 9日	九条道家後法性寺殿幷准后宮が法隆寺へ参詣。	別当記
寛元元年	1243	8月23日	再び九条道家が法隆寺を参詣するので、綱封蔵を開封して宝物を北倉より南倉に移す。	目録抄
寛元元年	1243	12月28日	永覚が松立院で『法華義疏』を書写。	真福寺善本目録・奥書
寛元 4年	1246		東室大小子房を修理。	嘉元記

和暦	西暦	月日	事項	出典
宝治元年	1247	10月	『法華義疏』の版木を作る。	刻名
宝治 2年	1248	3月16日	竜田社三十講の願文を作る。	寺要日記
宝治 2年	1248	10月26日～	西円堂の建立をはじめる。11月8日上棟。	心柬銘・別当記
宝治 2年	1248	11月 8日	西円堂上棟（一説に建長元年という）。	心柬銘・応永5年棟札
建長年間	1249～56		土佐権守経隆が聖徳太子4幅の絵伝を描く。	古事便覧
建長元年	1249	3月	南大門を修理。	別当記
建長元年	1249	4月10日	講堂に安居供田が寄進される。	法隆寺文書
建長 2年	1250	12月 8日	西円堂へ本尊を奉移。	心柬銘・応永5年棟札
建長 4年	1252	6月18日	申刻に五重塔に落雷。三重層より心柱にそって燃える。衆徒たちが登って消火したという。	一陽集
建長 4年	1252	12月 5日	勝鬘会料として弥南北庄の年貢10石を法隆寺へ寄進。	別当記
建長 4年	1252		覚遍別当の在任中に講堂で鑑真忌をはじめる。	別当記
建長 6年	1254	3月 1日	兼継が法隆寺へ参詣。	別当記
建長 6年	1254	3月13日	兼継が再び法隆寺へ参詣し綱封蔵を見る。	一陽集
建長 6年	1254	冬	聖皇曼荼羅が描かれる。	聖皇曼荼羅記
建長 7年	1255	10月13日	夢殿前で聖皇曼荼羅の開眼供養を行う。	別当記
建長 7年	1255	12月27日	尊海法印（興福寺遍照院）が別当に補任。	別当記
康元 2年	1257	3月27日	惣社を造営。	別当記

和暦	西暦	月日	事項	出典
正嘉 2年	1258	8月19日	辻堂で逆修をはじめる。	寺要日記
正嘉 2年	1258	11月下旬	調子麿相伝の六臂如意輪観音像を西大寺の叡尊が修理。	台座裏墨書
正嘉 3年	1259	3月15日	六臂如意輪観音像を聖霊院へ奉安。	墨書
正元元年	1259	5月27日	良盛僧正（興福寺仏地院）が別当に補任。	別当記
文応 2年	1261	2月	幸聖が西円堂に牛玉箱を寄進。	墨書銘
文応 2年	1261	2月 8日	西円堂御行をはじめる。	寺要日記
弘長年間	1261 ～64		五重塔に落雷。寺工たちが消火したという。	一陽集
弘長元年	1261	8月？	南大門前の左右に松木を植える。	別当記
弘長元年	1261	8月？	南大門西築地を築造。	別当記
弘長元年	1261	8月？	西室前西築地を築造。	別当記
弘長元年	1261	8月？	諸坊諸院築地を築造。	別当記
弘長元年	1261	9月 4日	後嵯峨太上天皇が法隆寺へ行幸。行在所西室の傍に手水屋を新造。同日、綱封蔵を開封。	別当記・一陽集
弘長元年	1261	11月	東大寺の円照が勧進して北室持戒僧に5部『大乗経』を寄進し、転読させる。	別当記
弘長 2年	1262	6月	頼円法印（興福寺東北院）が別当に補任。	別当記
弘長 3年	1263		大湯屋の湯船を新造。	嘉元記
文永 2年	1265		『法隆寺辺検畠注進帳事』（文永2年）に、ミササキという地名とその古墳との関連性をうかがわせる陵の記録がある。	法隆寺文書

和暦	西暦	月日	事項	出典
文永 3年	1266	3月	妻室使用の平瓦を作る。	刻銘
文永 3年	1266	4月	『勝鬘経』の版木を作る。	刻銘
文永 3年	1266	7月28日	玄雅法印（興福寺中南院）が別当に補任。	別当記
文永 4年	1267	3月	『維摩経』の版木を作る。	刻銘
文永 5年	1268	7月	上宮王院盂蘭盆会講料として田地180歩が寄進される。	盂蘭盆会講表白
文永 5年	1268	10月 2日	西室と三経院を修理。	墨書・別当記
文永 5年	1268	12月	食堂薬師如来像を修理して厨子を新造する。	墨書
文永 6年	1269	9月28日	興福寺維摩会に法隆寺僧が出仕。	別当記
文永 6年	1269		東大寺法華会に法隆寺僧が出仕。	別当記
文永 7年	1270		修南院を建立したという（文明7年が有力）。	古事便覧
文永 8年	1271	3月	円覚の勧進により東院で逆修をはじめる。	寺要日記
文永 8年	1271	8月16日	勧学講を行う。別当の玄雅、小別当の経寛、学頭の弁玄が出仕。	別当記
文永 9年	1272	4月16日	金光院の太子堂と僧坊を上棟。	別当記・一陽集
文永 9年	1272	6月27日	西院の梵鐘が落ちる。	別当記
文永10年	1273	2月	大谷池を築く。	別当記
文永10年	1273		竜池を築く。	嘉元記
文永11年	1274	1月20日	綱封蔵に盗人が入り宝物を盗む。	別当記

和暦	西暦	月日	事項	出典
文永11年	1274	2月26日	中宮寺の信如比丘尼が綱封蔵で天寿国曼荼羅繡帳を発見。	聖誉抄
建治 2年	1276	12月26日	善信房聖讃没。	嘉元記
建治 2年	1276		聖讃が西院の経蔵へ唯識の章疏の大部分を奉納する。	奥書
建治 3年	1277	2月24日	舎利殿に盗人が入る。	別当記
建治 3年	1277	12月26日	聖讃忌をはじめる。	
弘安元年	1278	8月20日	五重塔の火災のときに4人の大工たちが消火したが、その功績によって法隆寺の4箇末寺（北室、中宮寺、岡元寺、新堂院）の大工職に任命したという。	法隆寺文書
弘安 3年	1280		大谷池の堤が切れる。	嘉元記
応安 4年	1281	12月13日	『始明唄』が書写される。	奥書
弘安 6年	1283	春	金堂、五重塔を修理。	別当記
弘安 6年	1283	6月	西円堂本尊の薬師如来像を修理。	光背墨書銘
弘安 6年	1283	6月 9日	西大寺の叡尊が五重塔の四面肘木に雷避けの木札を懸ける。	避雷符墨書
弘安 6年	1283	6月23日	竜田宮で童舞を行う。	別当記
弘安 6年	1283	12月18日	乗範法印（興福寺竹林院）が別当に補任。	別当記
弘安 7年	1284	2月中旬	聖霊院新造のために聖徳太子像を食堂に移す。	別当記
弘安 7年	1284	7月 2日	新堂院上棟。	棟札
弘安 7年	1284	7月26日	夜半に舎利殿へ盗人が入る。盗難物は無事に還る。	別当記
弘安 7年	1284	8月	新堂院本尊薬師三尊像の脇侍像を修理。	台座裏墨書

和暦	西暦	月日	事項	出典
弘安 7年	1284	10月	実懐法印（興福寺松林院）が別当に補任。	別当記
弘安 7年	1284	10月24日	快厳が『勝鬘経宝窟』を校合する。	奥書
弘安 7年	1284	10月27日	新聖霊院が完成したので、聖徳太子像及び侍者像を食堂から聖霊院へ奉移。	別当記
弘安 8年	1285	3月	入道大納言家が『十七条憲法』及び『四節願文』の版木を法隆寺へ施入。	刻銘
弘安 9年	1286	7月30日	因明講(施主・堯実)をはじめる。	別当記
弘安 9年	1286	8月	瓦坊湯田が法隆寺へ寄進される。	法隆寺文書
弘安11年	1288	2月 5日	東院で『因明入正理論後記』を書写。	古事便覧
弘安11年	1288		西園院坊を建立。	別当記
正応元年	1288	10月	北室の教仏が勧進して光明真言をはじめる。	寺要日記
正応 2年	1289	6月	慶舜が悲母得脱のために聖霊院へ花形壇を寄進。	壇裏墨書
正応 2年	1289	9月	印寛僧正（興福寺教恩院）が別当に補任。	別当記
正応 4年	1291	2月 7日	有算が上宮王院へ前机を施入。	机裏墨書
正応 4年	1291	4月27日	『一切経』供養の童舞を行う。	別当記
正応 5年	1292		金堂の東西北の登橋の下の石を修理。	金堂日記
永仁元年	1293		松立院の慶玄が五重塔で夏中大般若経供並びに両界供をはじめる。	別当記

和暦	西暦	月日	事項	出典
永仁 2年	1294		清直が石の名取玉の箱を寄進(献納宝物)。	箱刻銘
永仁 3年	1295	3月10日～4月	慶舜が聖霊院の如意輪観音像の修理を行う。	台座内面墨書
永仁 3年	1295		性誉僧正（興福寺）が別当に補任。	別当記
永仁 4年	1296	7月 7日	還城楽面を造る(献納宝物)。	銘・古事便覧
永仁 4年	1296		冥府社を新造。	別当記
永仁 6年	1298	閏7月	教仏が『大般若経』600巻の校合をはじめる。	奥書
永仁 6年	1298	10月 3日	鎌倉極楽寺の忍性が六角厨子(額安寺旧蔵)を造る。	朱書銘
永仁 6年	1298		公寿僧都（興福寺尊光院）が別当に補任。	別当記
正安 2年	1300	8月	北室の教仏が金堂の地蔵菩薩用に金剛盤を寄進。	刻銘
正安 2年	1300	12月 5日	興福寺の金堂供養に法隆寺僧が出仕。	別当記
乾元元年	1302		北室の教仏が聖霊院に花立を施入。	刻銘
乾元 2年	1303	4月10日	北室の教仏が『大般若経』600巻の校合を終える。	墨書
嘉元 2年	1304	3月 1日	宗親法印（興福寺東林院）が別当に補任。	別当記
嘉元 2年	1304	12月10日	公寿（興福寺尊光院）が再び別当に補任。	別当記
嘉元 2年	1304		快重が上宮王院へ法螺貝を施入。	針書

和暦	西暦	月日	事項	出典
嘉元 3年	1305	4月28日	西室の講師坊を造営。	別当記・嘉元記
徳治 2年	1307		舎利殿内の聖徳太子二歳像を造る（仏師・丹好）。	墨書
徳治 3年	1308	1月16日	上宮王院へ法螺貝を施入。	針書
徳治 3年	1308	7月 3日	実聡法印（興福寺西南院）が別当に補任。	別当記
徳治 3年	1308	9月12日	舎利殿へ竹筒骨容器を納入。	墨書
延慶元年	1308	11月16日	綱封蔵破損のために実聡別当より修理の沙汰が下る。	別当記・嘉元記
延慶 3年	1310	2月13日	東院五所社を造り替える。	別当記・嘉元記
延慶 3年	1310	2月16日	定朝が中院持仏堂を建立。本尊を堂内へ奉移。	別当記・嘉元記
延慶 3年	1310	2月18日	慶玄が法性院堂の供養を行う。	
延慶 3年	1310	3月12日	惣社上棟。同13日、神移の儀を行う。	嘉元記
延慶 3年	1310	4月23日	菩提山本堂供養の童舞あり。	別当記・嘉元記
延慶 3年	1310	7月 5日	蓮城院に盗人が入る。	嘉元記
延慶 3年	1310	12月13日	竜田宮の楼門上棟（施主・慶玄）。	別当記・嘉元記
延慶 4年	1311	2月 5日	西室の多摩曼荼羅が紛失。	嘉元記
延慶 4年	1311	2月20日	定快が上宮王院へ獅子口取の装束を施入。	墨書
応長元年	1311	7月 4日	上御堂で荒神供を行う。	別当記・嘉元記
応長 2年	1312	2月	舎利殿へ法隆寺僧の弟子が竹筒骨容器を納入。	墨書

和暦	西暦	月日	事項	出典
正和元年	1312	3月22日	嵯峨殿女院が七大寺巡礼のために法隆寺へ参詣。	別当記・嘉元記
正和 2年	1313	9月	一山一寧が聖徳太子水鏡御影の讃を書く。	墨書
正和 2年	1313	11月22日	覚実法橋が水田を法隆寺へ寄進。	法隆寺文書
正和 2年	1313	11月29日	大湯屋や表門、築地などの瓦葺をはじめる。	別当記
正和 3年	1314	2月	舜範が聖霊会料10石を法隆寺へ寄進。	別当記
正和 4年	1315	3月 6日～	院宣によって建陀羅国納袈裟が京都へ運ばれる。	別当記・嘉元記
正和 4年	1315	4月？	慶玄が講堂で夏中最勝王経をはじめる。	別当記
正和 4年	1315	8月	尼如心が聖徳太子讃歎の講式並びに伽陀の布施料として水田180歩を聖霊院へ寄進。	寺要日記
正和 4年	1315	11月？	隆遍法印（興福寺修南院）が別当に補任。	別当記
正和 4年	1315		中門仁王像の修理を計画。	法隆寺置文契状大要書
正和 5年	1316	5月 3日	定朝僧都が一臈法印に補任。重継律師が僧都、慶玄律師が僧都、信玄五師が已講に補任。	嘉元記
正和 6年	1317	1月 5日	京都に地震発生。白河辺の人家がことごとく倒壊したという。	
正和 6年	1317		倉の錠の札を作る。	墨書
文保元年	1317	3月17日	唯識講衆の弓始を行う。	別当記・嘉元記

和暦	西暦	月日	事項	出典
文保 2年	1318	1月17日	上御堂の造営をはじめる。2月8日に立柱を行い、4月9日に上棟。	別当記・嘉元記
文保 2年	1318	2月？	良寛法印（興福寺東室妻）が別当に補任。	別当記
文保 2年	1318	3月22日	聖霊会に住吉の楽人が出仕する。	別当記
文保 2年	1318	夏	中門仁王像を彩色。絵師は南都大輔房。	別当記・嘉元記
文保 3年	1319	4月24日	聖霊会に天王寺の楽人が来る。	別当記
元応 2年	1320	8月25日	悔過谷池を築きはじめる。	別当記・嘉元記
元応 2年	1320	9月？	南大門坊を建立。	別当記
元応 2年	1320	9月10日	北室の乗円が東大寺凝然に『維摩経義疏』の注釈を請い『維摩経菴羅記』を著す。同時に凝然は『勝鬘経詳玄記』『法華義疏慧光記』を著す。	奥書
元応 2年	1320	12月18日	一﨟法印の定朝没。	
元亨元年	1321	3月29日	一﨟法印の重継没。	嘉元記
元亨元年	1321	5月 5日	中門仁王像が汗をかいたという。	別当記・嘉元記
元亨元年	1321	5月 5日	中院・西南院合戦が行われた。	別当記・嘉元記
元亨元年	1321	6月13日	顕親僧正（興福寺松洞院）が別当に補任。	文書
元亨元年	1321	8月 8日	山籠衆が祈雨のために竜池に籠る。	嘉元記
元亨元年	1321	9月25日	聖霊院で雨悦の番論議が行われる。	嘉元記

和暦	西暦	月日	事項	出典
元亨元年	1321	10月 1日	良寛（興福寺東室妻）再び別当に補任。	別当記
元亨元年	1321	12月	慶玄僧都が一臈法印に補任。	嘉元記
元亨2年	1322	4月21日	朝、天満池東方の堤が切れる。	嘉元記
元亨3年	1323		能寛僧都（興福寺）が別当に補任。	別当記
元亨4年	1324	4月 9日	午刻に上御堂の本尊を講堂より上御堂へ奉移。	別当記・嘉元記
元亨4年	1324	6月19日	天満宮を造り替える（施主・慶玄)。8月4日に立柱。8月11日に上棟。8月23日に帰坐。	別当記・嘉元記
元亨4年	1324	11月	尼如性が聖霊会のために田畠を寄進。	法隆寺文書
正中元年	1324	12月29日	東大門の門隠を修理。	嘉元記
正中2年	1325	4月24日	聖霊会に40人の色衆が出仕して執行。	別当記
正中2年	1325	11月	舎利殿へ『般若心経』を納入。	奥書
正中2年	1325		南大門の石壇を造る。	別当記
正中3年	1326	3月12日	臨時心経会を行う。	嘉元記
嘉暦元年	1326	8月13日	顕観僧正（興福寺松東院）が別当に補任。	別当記
嘉暦元年	1326	8月14日	天満宮鳥居と井垣を上棟（施主・慶祐)。	別当記・嘉元記
嘉暦元年	1326	8月21日	逆修を辻堂から太子堂へ移して行う。	寺要日記
嘉暦元年	1326	9月	絵殿の仏壇を修理。	框墨書
嘉暦元年	1326	11月	善弘が西円堂へ悔過板を施入。	陰刻銘
嘉暦 2年	1327	閏9月2日	実聡再び別当に補任。	別当記

和暦	西暦	月日	事項	出典
嘉暦 3年	1328	8月12日	松立院の雑舎を建てる。	嘉元記
嘉暦 3年	1328		慶祐が勧進して聖霊会蛮絵装束12具を新調。	別当記
嘉暦 3年	1328		憲信僧正（興福寺福智院）が別当に補任。	別当記
嘉暦 4年	1329	3月 4日	講堂前の石登橋を造る。	別当記
嘉暦 4年	1329	4月	法隆寺領播州鵤庄の図が描かれる。	墨書
元徳 3年	1331	2月	慶祐が聖霊会の袍裳を作る。	別当記
元徳 3年	1331	3月 4日	臨時の心経会を行う。	嘉元記
元徳 3年	1331	5月28日	一臈法印の慶玄没。	嘉元記
元徳 3年 (元弘元年)	1331	6月？	性範律師が一臈法印に補任。	嘉元記
元徳 3年	1331	7月 4日	舎利殿にある宝物の塵尾脇足を紛失。	別当記
元徳 3年 (元弘元年)	1331		西円堂へ波浪松双雀鏡を寄進。	墨書
元徳 4年 (元弘2年)	1332	2月24日	蓮光院地蔵堂の供養を行う。	別当記
元徳 4年 (元弘2年)	1332		三経院の妻庇を葺き替える。	別当記・嘉元記
正慶元年 (元弘2年)	1332	5月 8日	大湯屋の妻庇を葺く。	別当記
建武元年	1334		定願が塔婆の石柱を造る。	石柱銘
建武 2年	1335	3月 4日 ～5月	聖霊院内陣御殿妻戸1間を3間に改める。	別当記
建武 2年	1335	4月10日	竜田宮で千部経の供養を行う。	別当記
建武 2年	1335	5月13日	能寛僧正（興福寺発志院）が別当に再任。	別当記

和暦	西暦	月日	事項	出典
建武 2年	1335	6月	講堂南面西端妻戸を修理。	旧記ノ写
建武 2年	1335	11月27日	天満宮拝殿上棟（施主・慶祐）。	別当記・嘉元記
建武 2年	1335	閏10月6日	大湯屋の湯船をすえる。14日湯始あり。	一陽集
建武 3年（延元元年）	1336	3月	慶祐が小経蔵の木瓦を葺き替える。	別当記
建武 4年（延元2年）	1337	9月29日	松尾寺堂供養に法隆寺の一臈以下7僧が出仕。	別当記・嘉元記
建武 5年（延元3年）	1338	2月？	慶祐が五師に補任。	嘉元記
建武 5年（延元3年）	1338	5月28日	舎利殿の聖徳太子の御影を修理（絵師・実円）。	別当記・嘉元記
建武 5年（延元3年）	1338	6月	湛乗が講堂で行う自恣布薩会用の手洗盤を作る。	朱漆書銘
建武 5年（延元3年）	1338	8月？	絵殿の須弥壇を修理？	嘉元記
建武 5年（延元3年）	1338	8月13日～次年2月17日	東院絵殿の障子絵を修理（絵師・実円）。	別当記・嘉元記・墨書銘
暦応 2年（延元4年）	1339	10月22日	絵殿の修理完成供養、太子講式管絃講を行う。	別当記・嘉元記
暦応 2年（延元4年）	1339	12月 6日	聖霊院で灌頂を行う（師匠・岡本寺の玄光）。	別当記
暦応 3年（延元5年）	1340	2月24日	東院の南無仏舎利を紛失。しばらくして発見。	嘉元記
暦応 3年（延元5年）	1340	3月	播磨法橋が御影供の料として弘法大師画像を描く。	墨書
暦応 3年（延元5年）	1340	3月21日	聖霊院で御影供をはじめる。	別当記

和暦	西暦	月日	事項	出典
暦応 4年 (興国2年)	1341	4月10日	慶祐が東院絵殿内陣の犬坊を建てる。	別当記
暦応 4年 (興国2年)	1341	11月30日	夜半に法性院が焼失。	嘉元記
暦応 4年 (興国2年)	1341	3月？	慶祐が聖霊院欄間格子を作る(施主・慶祐)。	別当記
暦応 5年 (興国3年)	1342	3月21日	聖霊院御影供の弘法大師の御影が到来。	寺要日記
康永 2年 (興国4年)	1343	4月10日	竜田宮六十六部如法経の供養を行う。	別当記
康永 3年 (興国5年)	1344	閏2月15日	良暁僧正（興福寺修南院）が別当に補任。	別当記
康永 3年 (興国5年)	1344	7月19日	天満宮如法経道場庵室を新造。	別当記・嘉元記
康永 3年 (興国5年)	1344	11月27日	西院の鐘楼と経蔵の瓦を修理。	別当記・嘉元記
康永 4年 (興国6年)	1345	3月12日 ～13日	聖霊院で定順、円順、浄禅の3僧が灌頂を岡本寺の玄光より受ける。	別当記
康永 4年 (興国6年)	1345	6月22日	叡実が勧進して伝源頼朝寄進の左方太鼓を修理。	胴内墨書
貞和元年 (興国6年)	1345	11月 4日	範守法印（興福寺塔内）が別当に補任。	別当記
貞和元年 (興国6年)	1345	12月12日	覚算律師が一臈法印に補任。	嘉元記
貞和 2年 (興国7年)	1346	2月？	聖霊会左右太鼓並びに火焔を修理。	別当記
貞和 2年 (興国7年)	1346	2月22日	聖霊会を執行。	別当記

和暦	西暦	月日	事項	出典
貞和 2年（興国7年）	1346	10月 4日	上御堂の広目天像を新造。	別当記
貞和 2年（興国7年）	1346	10月20日	上御堂の多聞天像を新造。	別当記
貞和 3年（正平2年）	1347	4月 8日	上御堂で結夏をはじめる。	別当記
貞和 3年（正平2年）	1347	5月29日	陵山（藤ノ木古墳）にあった西郷陵堂で供養が行われた。	別当記・嘉元記・寺要日記
貞和 3年（正平2年）	1347	6月11日	覚懐法印（興福寺西南院）が別当に補任。	別当記
貞和 3年（正平2年）	1347	11月 6日	富河橋の供養を行う。	別当記
貞和 3年（正平2年）	1347	11月10日	北室の勧進僧が舎利殿の水精塔を新造。元の塔より舎利を奉出して新塔に奉入。	別当記・寺要便覧
貞和 4年（正平3年）	1348	5月 4日	北室の勧進僧たちが勧進して舎利殿の花台を作る。	刻銘・別当記・古事便覧
貞和 4年（正平3年）	1348	9月27日	実俊が上宮王院の牛玉箱を作る。	補忘集
貞和 4年（正平3年）	1348	10月 8日	舎利殿へ笹卒塔婆を納入。	塔婆墨書
貞和 4年（正平3年）	1348	10月14日	上御堂の持国天像を新造。	別当記・墨書
貞和 4年（正平3年）	1348	10月28日	唐招提寺の覚堯長老が極楽寺を結戒。	別当記
貞和 5年（正平4年）	1349	1月 7日	湛舜が一臈法印に補任。	嘉元記

和暦	西暦	月日	事項	出典
貞和 5年(正平4年)	1349	1月下旬	三経院北1間を拡張。	別当記
貞和 5年(正平4年)	1349	2月22日	聖霊会を執行。	別当記
貞和 5年(正平4年)	1349	4月13日	上御堂礼盤の半畳を新造。	嘉元記
貞和 5年(正平4年)	1349	4月28日	中門前下の石壇が出来る。	別当記
貞和 5年(正平4年)	1349	6月 4日	上御堂で尭順房と良信房が太刀を抜いて斬り合う。幸い刃傷に至らなかった。	嘉元記
貞和 6年(正平5年)	1350	1月	正蔵院火災。	別当記・嘉元記
貞和 6年(正平5年)	1350	2月	新坊（正蔵院）を建立。	別当記
貞和 6年(正平5年)	1350		銅皿（長安寺旧蔵〔中国・至正10年〕）を作る。	刻銘
観応元年(正平5年)	1350	3月 4日	悔過池浦の小池を築く。	別当記
観応元年(正平5年)	1350	6月	講師坊と西室との造間の東向妻戸2間、連子2間を造る。	別当記・嘉元記
観応元年(正平5年)	1350	7月 1日	慶祐が天満宮で講問をはじめる。	別当記・嘉元記
観応元年(正平5年)	1350	10月20日	上御堂の増長天像を新造。	別当記・墨書
観応元年(正平5年)	1350	11月13日	金堂東登橋を修理。中門南面登橋より西並びに西向北の際までを修理。	嘉元記

和暦	西暦	月日	事項	出典
観応元年(正平5年)	1350	12月 1日	天下祈雨のために宣旨によって聖霊院で『大般若経』転読。講堂で百座仁王講を行う。	嘉元記
観応 2年(正平6年)	1351	春	仲甚が『聖徳太子伝暦』を書写。	奥書
観応 2年(正平6年)	1351	10月 4日	上御堂の広目天像を新造。	別当記・墨書
観応 3年(正平7年)	1352	8月	五所社と井垣を造営。	別当記
文和元年(正平7年)	1352	10月 5日	懐雅法印（興福寺松林院）が別当に補任。	別当記
文和元年(正平7年)	1352	12月 1日	廻阿弥陀講をはじめる（勧進・仲甚）。	嘉元記
文和 2年(正平8年)	1353	2月下旬	冥符社南・西両方の大垣を造り替える。	別当記
文和 2年(正平8年)	1353	7月15日	聖霊院池堤西北角の大石を金堂前に移し礼拝石とする。	別当記・嘉元記・一陽集
文和 3年(正平9年)	1354	1月10日	五所社の脇障子を作る。	嘉元記
文和 3年(正平9年)	1354	1月20日	五所社の燈籠を作る。	嘉元記
文和 3年(正平9年)	1354	2月 1日	奈良より旧房を買い、東室庫円城院坊とする。	別当記・嘉元記
文和 3年(正平9年)	1354	4月	上御堂欄間格子1間を新造。	別当記
文和 3年(正平9年)	1354	4月？	上御堂及び講堂の格子を造る。(施主・性憲)	別当記
文和 3年(正平9年)	1354	4月20日	上宮王院の銭塔を盗もうとする者があった。	嘉元記

和暦	西暦	月日	事項	出典
文和 3年(正平9年)	1354	5月	講堂仏壇のハタ板ができる。	別当記・嘉元記
文和 3年(正平9年)	1354	5月 9日	慶祐が権律師に補任。	嘉元記
文和 3年(正平9年)	1354	6月10日	大水で聖霊院の半分が破損。	嘉元記
文和 3年(正平9年)	1354	8月28日	一臈法印の湛舜没。	法隆寺文書
文和 3年(正平9年)	1354	10月 6日	実禅律師が一臈法印に補任。	嘉元記
文和 3年(正平9年)	1354	11月中旬	舎利殿の閼伽器などの仏具一揃を新調。北室の禅観が寄進、大鈴は湛舜が寄進。	法隆寺文書
文和 4年(正平10年)	1355	4月21日	湛舜が光燈台を聖霊院に寄進。	嘉元記
文和 4年(正平10年)	1355	5月20日	講堂前燈盧の地盤に石を切る。	別当記・嘉元記
文和 4年(正平10年)	1355	7月 8日	五重塔西面で六斎日に『阿弥陀経』を勤修。	嘉元記
文和 4年(正平10年)	1355	7月14日	舎利殿の磬台を新調。	別当記
文和 4年(正平10年)	1355	9月下旬	舎利殿の磬を金色に塗る。	別当記
文和 4年(正平10年)	1355	11月中旬	舎利殿の燈台2本を新調。	別当記・嘉元記
文和 4年(正平10年)	1355	11月 ?	舎利殿の精進机を新調。	別当記・嘉元記
文和 4年(正平10年)	1355	12月 3日	上御堂に四天王像を安置。	別当記・嘉元記・墨書

和暦	西暦	月日	事項	出典
文和 5年（正平11年）	1356	2月15日	舎利殿の光燈台を新調。	別当記・嘉元記
文和 5年（正平11年）	1356	3月16日	東室に盗人が入る。	嘉元記
延文元年（正平11年）	1356	3月30日	絵師の現阿弥陀仏が聖霊院礼堂東西2間に障子絵を描く。	別当記・嘉元記
延文元年（正平11年）	1356	4月？	講堂の正面欄間格子を作る。	別当記・嘉元記
延文元年（正平11年）	1356	5月上旬	舎利殿の太子御座机を新調。	別当記
延文元年（正平11年）	1356	10月25日	聖霊院の妻庇を葺き替える。	別当記
延文元年（正平11年）	1356	10月25日	東院礼堂で7日間逆修を行う。	別当記
延文元年（正平11年）	1356	冬	仲甚が『胎蔵界念誦次第』を書写。	奥書
延文 2年（正平12年）	1357	2月	上宮王院の西向戸1間を新造。	別当記
延文 2年（正平12年）	1357	4月上旬	礼堂の大机破損のために新造。	別当記・嘉元記
延文 2年（正平12年）	1357	6月	聖霊会料の三鼓1口を新調（献納宝物）。	胴内墨書銘・別当記
延文 2年（正平12年）	1357	6月	中門の北浦上層の瓦を葺く。	別当記
延文 2年（正平12年）	1357	7月上旬	礼堂の蓋高座を修理。	別当記
延文 2年（正平12年）	1357	夏	三経院の御簾を造り替える。	嘉元記

和暦	西暦	月日	事項	出典
延文 2年(正平12年)	1357	9月25日	宣旨により法隆寺の僧綱へ権律師2口を永代寄進（一説に3口という）。	別当記・嘉元記
延文 2年(正平12年)	1357	秋？	綱封蔵南倉、大湯屋東浦、大湯屋門などの瓦を葺き替える。	別当記
延文 2年(正平12年)	1357	12月28日	三経院の障子を張り改める。	別当記
延文 3年(正平13年)	1358	3月14日	南大門の東脇大垣を修理し、内堀を掘る。	別当記・嘉元記
延文 3年(正平13年)	1358	4月 1日	廻観音講をはじめる。（勧進・重懐、仲甚）。	嘉元記
延文 3年(正平13年)	1358	5月26日	出羽国の名河上人が法隆寺舎利殿へ舎利14粒を寄進。	別当記
延文 3年(正平13年)	1358	5月29日	講堂の仏壇の後壁を修理。	別当記
延文 3年(正平13年)	1358	7月21日	大湯屋の敷板を修理。	別当記
延文 4年(正平14年)	1359	2月15日	東大門の門隠を造り替える。	別当記
延文 4年(正平14年)	1359	2月22日	南大門前鳥居の跡に石の地蔵を立てる。	別当記
延文 4年(正平14年)	1359	4月 8日	南大門の門前に人宿が立ちはじめる。	別当記
延文 4年(正平14年)	1359	5月18日	慶祐が『極楽六時讃』を書写。	寺要日記
延文 4年(正平14年)	1359	6月 5日	常楽寺の市が立つ。	別当記
延文 4年(正平14年)	1359	7月	鵤庄のための祈禱を聖霊院で行う（千座供養）。	嘉元記

和暦	西暦	月日	事項	出典
延文 4年(正平14年)	1359	冬	重懐が竜王絵像を描く。	嘉元記
延文 5年(正平15年)	1360	1月下旬	惣社の井垣東西北の三方を新造。	別当記
延文 5年(正平15年)	1360	3月26日	講堂の賓頭盧厨子破損のために造り替える。	別当記
延文 5年(正平15年)	1360	4月22日	聖霊院で願課の『大般若経』を転読。このころより『寺要日記』を記す。	嘉元記
延文 6年(正平16年)	1361	1月27日	宣旨により法隆寺の僧綱へ権少僧都2口を寄進。	嘉元記
延文 6年(正平16年)	1361	2月11日	聖霊院日隠の蟇股の彫物を新造。	嘉元記
延文 6年(正平16年)	1361	2月12日	慶祐権律師が権大僧都に補任。	嘉元記
康安元年(正平16年)	1361	6月22日	卯刻に地震発生。東院南大門西脇築地、中ノ門北脇築地、西寺の南大門西脇築地などが破損する。	嘉元記
康安元年(正平16年)	1361	6月24日	近畿に大地震発生。京都、大坂、奈良、紀伊の堂塔が破損する。五重塔の九輪の上の火焔一折が破損、金堂東之間の仏壇が破損する。	嘉元記
康安 2年(正平17年)	1362	1月？	金堂内陣の高机3揃を新調。	嘉元記
康安 2年(正平17年)	1362	2月？	重懐が『法隆寺縁起白拍子』を撰述。	奥書

和暦	西暦	月日	事項	出典
康安 2年(正平17年)	1362	3月 6日	重懐が花園院で行われた天満講談義のときに『法隆寺縁起白拍子』を披露する。	嘉元記
康安 2年(正平17年)	1362	9月 1日	持明院法皇（光明天皇、禅僧）が法隆寺へ参詣。	嘉元記
康安 2年(正平17年)	1362		このころ印実が東室内に経蔵を造るという。	一陽集
貞治 2年(正平18年)	1363	4月18日	赤松弾正が上宮王院へ鉄燈籠を寄進。	法隆寺堂社霊験・刻銘・古事便覧
貞治 2年(正平18年)	1363	12月 8日	金剛院で長日護摩をはじめる。このころ北金剛院坊舎2宇を建立するという。	嘉元記・一陽集
貞治 2年(正平18年)	1363		このころ実乗が護摩堂の建立を発願。	法隆寺文書
貞治 3年(正平19年)	1364	2月15日	慶祐が『金泥法華経一部開結二経』合10巻を中宮寺へ寄進。	嘉元記
貞治 3年(正平19年)	1364	3月 7日	慈恩寺山から大湯屋の湯船を引く。	嘉元記
貞治 3年(正平19年)	1364	5月 5日	三経院で世親講を行う（施主・実禅）。	嘉元記
貞治 3年(正平19年)	1364	5月 9日	『寺要日記』の10月分を懐暁が書写。	寺要日記
貞治 3年(正平19年)	1364	8月 9日	源春房重懐が『法隆寺縁起白拍子』1巻を書写。	奥書

和暦	西暦	月日	事項	出典
貞治 3年（正平19年）	1364		このころ存在した子院は、円成院・金光院・興園院・宝光院・松立院・東花園院・西園院・中院・法性院・南大門坊・西南院・蓮光院・中道院・蓮城院・善住院・西花園院・薬師院・正蔵院・脇南院・北東院・閼伽井坊・金剛院・橋坊・政南院・弥勒院・花園院・瓦坊・北金剛院・仏餉院・西福院・三宝院・修南院。このほかにも存在した子院があった。	
貞治 4年（正平20年）	1365	5月10日	舎利殿の黒漆宮殿を建立し、仏壇を改造。	厨子天井板墨書銘
貞治 5年（正平21年）	1366	5月23日	舎利殿の銅香炉を新調。	刻銘
貞治 6年（正平22年）	1367	1月 3日	法輪寺炎上。	大乗院日記目録
応安 2年（正平24年）	1369	1月	宗樹が竜田社梵音衆床の図を描く。	墨書
応安 3年（正平25年）	1370	2月21日	頼乗僧正（興福寺安養院）が別当に補任。	別当記
応安 3年（正平25年）	1370	4月14日	上御堂の釈迦三尊像を修理。	墨書
応安 3年（正平25年）	1370	4月21日	上御堂の天井支輪を修理。	墨書
応安 3年（建徳元年）	1370	夏	詣阿が『三経院夏談経尺紀』を記す。	古事便覧
応安 5年（建徳3年）	1372	2月 5日	顕遍僧正（興福寺東林院）が別当に補任。	別当記

和暦	西暦	月日	事項	出典
応安 5年(文中元年)	1372	8月22日	定弘が発願して地蔵堂を建立。本尊として地蔵菩薩像を安置。	棟木銘
応安 6年(文中2年)	1373		このころ護摩堂建立の評定を度々行う。	法隆寺文書
応安 7年(文中3年)	1374		金堂を修理。	法隆寺文書(永和 3 年注進書)
永和元年(文中4年)	1375	3月	印実が願主となって弘法大師像を造る。	墨書
永和 2年(天授2年)	1376	3月31日	実遍僧正(興福寺法雲院)が別当に補任。	別当記
永和 2年(天授2年)	1376		尼妙阿弥が如意輪形体の懸仏を新堂へ寄進。	墨書
永和 3年(天授3年)	1377	5月 8日	このころ東室修理。	墨書
康暦元年(天授5年)	1379	6月23日	孝憲僧都(興福寺来迎院)が別当に補任。	別当記
康暦 2年(天授6年)	1380	4月23日	護摩堂の本尊不動明王像の脇侍二童子像(作者・舜慶、綵色・清玄)を造る。	墨書
康暦 2年(天授6年)	1380	11月	絵殿の障子絵を修理。	墨書
康暦 2年(天授6年)	1380		このころ護摩堂建立か。	法隆寺文書
永徳元年(弘和元年)	1381	10月15日	『二十五三昧式』が書写される。	奥書
永徳 3年(弘和3年)	1383	3月	夢殿を修理。	棟札
永徳 3年(弘和3年)	1383	4月 5日	実秀が勧進して上御堂の磬台及び前机を新調。	朱漆書

和暦	西暦	月日	事項	出典
永徳 3年（弘和3年）	1383	4月18日	藤原頼儀が舎利殿へ青銅鰐口を寄進。	刻銘
永徳 3年（弘和3年）	1383	6月24日	聖徳太子水鏡御影を修理。	軸裏墨書
永徳 4年（弘和4年）	1384	2月17日	仏師の舜慶が聖徳太子七歳像を修理。	墨書
至徳元年（元中元年）	1384	仲秋	夏安居表白を修理。	奥書
至徳元年（元中元年）	1384	12月15日	円守僧正（興福寺東院）が別当に補任。	別当記
至徳 2年（元中2年）	1385	3月21日	英舜が上御堂の後山を寄進。	法隆寺文書
至徳 2年（元中2年）	1385	10月 9日	護摩堂の御影供を修理。	法隆寺文書
至徳 2年（元中2年）	1385	10月 9日	帋王丸が私領を護摩堂御影供衆理趣三昧料として寄進。	法隆寺文書
至徳 3年（元中3年）	1386		東室と聖霊院を修理。	法隆寺評定記
康応元年（元中6年）	1389	4月	実秀が上御堂の青銅香炉を作る。	刻銘
明徳元年（元中7年）	1390	6月18日	印実が願主となって上宮王院の前机を修理し、磬台を新調。	朱漆書
明徳元年（元中7年）	1390	8月24日	足利義満が法隆寺へ参詣。南無仏舎利など上覧。	一陽集
明徳 2年（元中8年）	1391	2月 9日	西円堂の常燈料田の額を作る。	墨書
明徳 4年	1393	6月19日	五重塔の屋根を修理。	元禄９年心柱墨書

和暦	西暦	月日	事項	出典
応永年間	1394 ~ 1428		聖誉が『聖誉抄』を著す。	
応永元年	1394	10月 8日	長懐僧正（興福寺松林院）が別当に補任。	別当記
応永 2年	1395	7月 6日	五重塔用の瓦を120枚作る。	瓦銘
応永 2年	1395	2月22日 ~23日	聖霊会を執行。	法隆寺文書
応永 3年	1396	2月22日 ~23日	聖霊会を執行。	法隆寺文書
応永 3年	1396	9月17日	印実が不動明王画像を護摩堂へ寄進。	墨書
応永 3年	1396		実雅（興福寺松林院）が別当に補任。	別当記
応永 4年	1397	2月22日	聖霊会を執行。	法隆寺文書
応永 4年	1397	6月	現西室使用の丸瓦などを作る。	刻銘
応永 4年	1397	11月26日	現西円堂使用の雁振瓦を作る。	刻銘
応永 4年	1397		舎利殿の銅香炉を新調。	刻銘
応永 4年	1397		新堂を修理。	元禄10年棟札
応永 5年	1398	2月22日	聖霊会を執行。	法隆寺文書
応永 5年	1398	3月30日	重祐が勧進した西円堂の修理が終わる。	棟札
応永 6年	1399	2月22日	聖霊会を執行。	法隆寺文書
応永 6年	1399	12月30日	蓮池院を売り渡す。	法隆寺文書
応永 7年	1400	2月22日	聖霊会を執行。	法隆寺文書
応永 8年	1401	2月22日	聖霊会を執行。	法隆寺文書
応永 8年	1401	5月30日	廻廊使用の平瓦を作る。	刻銘

和暦	西暦	月日	事項	出典
応永 9年	1402	9月	北室旧蔵の不動明王画像を護摩堂へ安置。	墨書
応永10年	1403	8月22日	護摩堂の供僧たちが『護摩堂安置本尊目録』を作成。	法隆寺文書
応永10年	1403		このころより聖霊院の屋根を葺き替える。	瓦銘
応永11年	1404	2月22日～23日	聖霊会を執行。	法隆寺文書
応永11年	1404	4月 8日	五重塔の鬼瓦を作る。	刻銘
応永12年	1405	2月22日～23日	聖霊会を執行。	法隆寺文書
応永12年	1405	5月	瓦大工の彦次郎が講堂のサシ瓦を作る。	刻銘
応永12年	1405	5月25日	瓦大工の彦次郎が講堂の鬼瓦を作る。	刻銘
応永13年	1406	3月22日～23日	聖霊会を執行。	法隆寺文書
応永13年	1406	4月	瓦大工の彦次郎が聖霊院の瓦6680枚を作る。	刻銘
応永13年	1406	4月14日	瓦大工の彦次郎が聖霊院の丸瓦を作る。	刻銘
応永13年	1406	4月15日	瓦大工の彦次郎が聖霊院の鬼瓦を作る。	刻銘
応永14年	1407	2月22日	聖霊会を執行。	法隆寺文書
応永14年	1407	4月10日	上御堂の供養を行う。	上御堂供養日記
応永16年	1409	4月 3日	兼覚法印（興福寺慈恩院）が別当に補任。	別当記
応永16年	1409	6月25日	金堂の牛玉箱を新調。	墨書

和暦	西暦	月日	事項	出典
応永17年	1410	2月22日～23日	聖霊会を執行。	法隆寺文書
応永17年	1410	8月21日	瓦大工の寿王三郎が鬼瓦を作る。	瓦銘
応永18年	1411	2月22日～23日	聖霊会を執行。	法隆寺文書
応永20年	1413	9月 8日	西円堂へ磯馴松双雀鏡が寄進される。	墨書
応永20年	1413	9月24日	孝俊僧正（興福寺仏地院）が別当に補任。	別当記
応永20年	1413	10月 8日	舎利殿へ『金泥法華経』が寄進される。	墨書
応永21年	1414	2月22日	聖霊会を執行。	法隆寺文書
応永22年	1415	4月	『綱封蔵文書目録』を作成。	法隆寺文書
応永23年	1416	2月22日	聖霊会を執行。	法隆寺文書
応永23年	1416	2月25日	聖霊会床図を描く。	墨書
応永23年	1416	8月10日	聖霊院の瓦を作る。	刻銘
応永23年	1416	8月11日	瓦大工の吉重が聖霊院の鬼瓦を作る。	刻銘
応永23年	1416	8月14日	聖霊院の瓦を作る。	刻銘
応永24年	1417	2月22日～23日	聖霊会を執行。	法隆寺文書
応永24年	1417	3月 6日	伝法堂内に舎利御輿安置の部屋を造る。	墨書
応永24年	1417	7月 8日	西円堂へ松藤双雀鏡が寄進される。	墨書
応永24年	1417	11月18日	妙阿弥が太子形の懸仏を聖霊院へ寄進。	墨書

和暦	西暦	月日	事項	出典
応永25年	1418	1月26日	宝積寺（陵堂）の修理を行う。このころ宝積寺は大日講という組織の人びとが管理していた。	棟札銘写
応永25年	1418	2月22日	聖霊会を執行。	法隆寺文書
応永26年	1419	2月22日	聖霊会を執行。	法隆寺文書
応永30年	1423	9月 4日	寅刻に西院鐘楼の鐘が落ちる。	一陽集
応永30年	1423	10月18日	良弼が講堂の丸瓦を作る。	刻銘
応永30年	1423	12月13日	金堂の畳を新調。	法隆寺文書
応永31年	1424	2月22日～23日	聖霊会を執行。	法隆寺文書
応永32年	1425	2月22日～23日	聖霊会を執行。	法隆寺文書
応永33年	1426	2月22日	聖霊会を執行。	法隆寺文書
応永33年	1426	4月26日	重祐が上御堂の上欄間5間を新造。	墨書
応永34年	1427	2月22日	聖霊会を執行。	法隆寺文書
応永35年	1428	2月 8日	西円堂へ亀甲双雀鏡が寄進される。	墨書
応永35年	1428	2月22日	聖霊会を執行。	法隆寺文書
正長 2年	1429	2月22日	聖霊会を執行。	法隆寺文書
永享元年	1429		伝法堂を修理。	刻銘
永享 2年	1430	2月22日～23日	聖霊会を執行。	法隆寺文書
永享 2年	1430	6月	淳芸が聖霊会料の面を造る。	墨書銘
永享 2年	1430	10月	綱封蔵使用の平瓦を作る。	刻銘
永享 2年	1430	10月11日	綱封蔵使用の鬼瓦を作る。	刻銘
永享 2年	1430	12月23日	弁祐と寛清が奉行となって舎利殿を修理。	墨書

和暦	西暦	月日	事項	出典
永享 3年	1431	1月 7日~	金堂御行のときの渡廊を新造。	寺要日記
永享 3年	1431	2月22日	聖霊会を執行。	法隆寺文書
永享 3年	1431	6月	祐重が上御堂へ仏器を施入。	墨書
永享 3年	1431		勝鬘会表白を作成。	奥書
永享 4年	1432	2月22日	聖霊会を執行。	法隆寺文書
永享 5年	1433	2月22日	聖霊会を執行。	法隆寺文書
永享 5年	1433	仲夏上旬	舎利殿へ『舎利講式』が寄進される。	奥書
永享 6年	1434	9月	大雨で綱封蔵の棟が落ちる。	玉林抄・一陽集
永享 6年	1434	10月21日	地蔵院の本堂上棟。	棟札
永享 7年	1435	1月11日	夜半に学侶と堂方の争いによって南大門焼失。	玉林抄
永享 8年	1436	2月22日~23日	聖霊会を執行。	法隆寺文書
永享 8年	1436	4月19日	北室上棟。	一陽集・法隆寺文書
永享 8年	1436	4月20日~26日	薬師寺最勝会聴衆として舜清が出仕。	法隆寺文書
永享 8年	1436	6月 6日~	南大門の建立をはじめる。	刻銘
永享 8年	1436	7月19日	寛清が『法隆寺本願太子誓願』を書写。	奥書
永享 8年	1436	7月22日	『勝鬘経義疏談要抄』が書写される。	奥書
永享 8年	1436		礼堂の屋根を葺き替える。	刻銘
永享 8年	1436		瓦大工の吉重が瓦を作る。このころ伝法堂、絵殿の瓦葺を行う。	刻銘
永享 9年	1437	2月22日	聖霊会を執行。	法隆寺文書

和暦	西暦	月日	事項	出典
永享 9年	1437	8月12日	蓮光院本堂を修理。	心東墨書
永享 9年	1437	11月13日	東院の瓦9000枚を作る。	刻銘
永享 9年	1437	12月	絵殿と舎利殿の屋根を葺き替える。	刻銘
永享10年	1438	2月22日	聖霊会を執行。	法隆寺文書
永享10年	1438	2月22日	訓清たちが聖霊会料の宝幢8流を修理。	朱漆銘
永享10年	1438	11月 8日	太郎女が西円堂へ菊双雀鏡を寄進。	墨書
永享10年	1438	11月19日	南大門上棟。	棟札
永享10年	1438		このころ瓦大工の寿王三郎が南大門の瓦を作る。	刻銘
永享11年	1439	2月22日～23日	聖霊会を執行。	法隆寺文書
永享11年	1439	5月	西円堂へ銅花瓶が寄進される。	刻銘
永享11年	1439	7月	聖霊院の鐃鉢の入物を新調。	朱漆書
永享11年	1439		南大門を再興。	玉林抄
永享12年	1440	1月20日	印舜と継重が西室夏前講本尊箱を作る。	墨書
永享12年	1440	2月22日	聖霊会を執行。	法隆寺文書
永享12年	1440	3月	快尊が勧進して舎利殿の高机を新調。	朱漆銘
嘉吉元年	1441	2月22日	聖霊会を執行。	法隆寺文書
嘉吉元年	1441	4月 8日	西円堂の花瓶一対を作る。	刻銘
嘉吉元年	1441		このころから上宮王院伝法堂を修理。	刻銘
嘉吉 2年	1442	2月18日	寛清が竜田社法楽行道指図を描く。	墨書

和暦	西暦	月日	事項	出典
嘉吉 2年	1442	2月22日	聖霊会を執行。	法隆寺文書
嘉吉 2年	1442	9月	伝法堂の屋根を葺き替える。このころ瓦大工の吉重が多くの瓦を作った。	刻銘
嘉吉 3年	1443	2月22日	聖霊会を執行。	法隆寺文書
嘉吉 3年	1443	12月	俊祐律師（興福寺仏地院）が別当に補任。	別当記
文安元年	1444	2月22日	聖霊会を執行。	法隆寺文書
文安元年	1444	12月	吉祥御願の釜を作る。	五師日記
文安元年	1444		鰐口（備前妙薬寺旧蔵）を作る。	刻銘
文安元年	1444		伝法堂の瓦を作る。	刻銘
文安 2年	1445	2月22日	聖霊会を執行。	法隆寺文書
文安 2年	1445		このころ東院修理か。	墨書
文安 3年	1446	7月25日	兵庫関のことによって七大寺が閉門。	大乗院日記目録
文安 4年	1447	2月22日～23日	聖霊会を執行。	法隆寺文書
文安 5年	1448		訓海が『太子伝玉林抄』を著す。	奥書
文安 6年	1449	2月22日	聖霊会を執行。	法隆寺文書
文安 6年	1449	4月12日	山城国や大和国に地震発生。100日以上余震が続く。	大乗院日記目録
宝徳 2年	1450	2月22日	聖霊会を執行。	法隆寺文書
宝徳 2年	1450	3月21日	大湯屋の湯殿と湯船を作る。	法隆寺文書
宝徳 2年	1450	4月16日	大湯屋の湯殿上棟。	法隆寺文書
宝徳 2年	1450	5月11日	寛清が『一切如来心秘密全身宝篋印陀羅尼』を書写。	奥書
宝徳 2年	1450	8月22日	定継が『公文方代々旧記』などを法隆寺に寄進。	法隆寺文書

和暦	西暦	月日	事項	出典
宝徳 2年	1450	11月24日	俊円僧正（興福寺東北院）が別当に補任。	別当記
宝徳 3年	1451	2月22日	聖霊会を執行。	法隆寺文書
享徳元年	1452	7月	崑崙八仙面を装束倉に納める。	墨書
享徳 2年	1453	2月22日	聖霊会を執行。	法隆寺文書
享徳 3年	1454	2月22日～23日	聖霊会を執行。	法隆寺文書
享徳 3年	1454	5月	実俊が舎利殿の経箱を作る。	朱漆書
享徳 4年	1455	2月22日	聖霊会を執行。	法隆寺文書
康正 2年	1456	2月	重秀が上宮王院観音講の桝を作る。	刻銘
康正 3年	1457	2月22日	聖霊会を執行。	法隆寺文書
長禄 2年	1458	4月22日	道範のために舎利殿へ『こけら経』を納入。	墨書
長禄 2年	1458	4月25日	堅有のために舎利殿へ『こけら経』を納入。	墨書
長禄 2年	1458		五重塔の裳階屋根を修理。	墨書
長禄 3年	1459	2月22日	聖霊会を執行。	法隆寺文書
長禄 3年	1459	5月 3日	上宮王院の地子桝を作る（献納宝物）。	刻銘
長禄 3年	1459	7月25日	専祐が勧進して五髻文殊騎獅像（仏師・春慶、絵師・定清）の造立供養を行う。	墨書・光背墨書
長禄 3年	1459		東院南門を修理。	刻銘
寛正 2年	1461	2月22日	聖霊会を執行。	法隆寺文書
寛正 2年	1461		五重塔と金堂裳階内の敷瓦を敷く。	刻銘
寛正 3年	1462	2月15日	『舎利講式』が書写される。	奥書

和暦	西暦	月日	事項	出典
寛正 3年	1462	2月22日	聖霊会を執行。	法隆寺文書
寛正 3年	1462	7月23日	瓦大工の吉重が講堂の平瓦200枚を作る。	刻銘
寛正 4年	1463	2月22日	聖霊会を執行。	法隆寺文書
寛正 4年	1463	11月13日	舜清が政蔵院本堂を上棟。	補忘集
寛正 5年	1464		覚心が『法隆寺仏像記』を記す。	補忘集
寛正 6年	1465	2月22日	聖霊会を執行。	法隆寺文書
寛正 7年	1466	2月22日	聖霊会を執行。	法隆寺文書
文正 2年	1467	2月22日	聖霊会を執行。	法隆寺文書
応仁 2年	1468	2月22日	聖霊会を執行。	法隆寺文書
応仁 2年	1468	8月	聖霊院毎日講料の掛札を懸ける。	補忘集
応仁 2年	1468	8月25日	寛清が普門院で『聖徳太子伝暦』を書写。	奥書
応仁 2年	1468	11月13日	七大寺大徳の交名を注進（法隆寺大徳信乗律師）。	大乗院寺社雑事記
応仁 3年	1469	2月22日	聖霊会を執行。	法隆寺文書
文明 2年	1470	2月22日	聖霊会を執行。	法隆寺文書
文明 2年	1470	4月	清憲五師が奉行となって2323枚の瓦を作る。	刻銘
文明 3年	1471	2月22日～23日	聖霊会を執行。	法隆寺文書
文明 3年	1471	4月29日	三経院の諸表白を作成。	奥書
文明 4年	1472	2月22日	聖霊会を執行。	法隆寺文書
文明 5年	1473	9月23日	西円堂へ楓葉紋双雀鏡が寄進される。	墨書
文明 6年	1474	2月22日	聖霊会を執行。	法隆寺文書

和暦	西暦	月日	事項	出典
文明 6年	1474	8月	行集と懐秀がシバ屋敷の地子桝を作る。	刻銘
文明 7年	1475	2月22日	聖霊会を執行。	法隆寺文書
文明 7年	1475	2月23日	修南院を修理。	一陽集
文明 8年	1476	2月22日	聖霊会を執行。	法隆寺文書
文明 9年	1477	2月22日	聖霊会を執行。	法隆寺文書
文明 9年	1477	5月	教観谷池の堤が切れて大水が法隆寺境内に流れ込む。地蔵院の建具が残らず流失。	大乗院寺社雑事記
文明10年	1478	2月	上宮王院へ法螺貝を施入。	針書
文明10年	1478	2月22日	聖霊会を執行。	法隆寺文書
文明11年	1479	2月22日	聖霊会を執行。	法隆寺文書
文明11年	1479	8月10日	鰐口（播州貴布禰社旧蔵）を作る。	刻銘
文明12年	1480	2月22日	聖霊会を執行。	法隆寺文書
文明12年	1480	2月28日	中門仁王像の左右の眼が抜失するという。	大乗院寺社雑事記
文明12年	1480	8月15日	星曼荼羅を修理。その箱を新調。	墨書
文明13年	1481	5月	食堂と細殿の屋根の葺き替えを行う。	刻銘
文明14年	1482	2月22日	聖霊会を執行。	法隆寺文書
文明15年	1483	2月22日	聖霊会を執行。	法隆寺文書
文明16年	1484	2月22日	聖霊会を執行。	法隆寺文書
文明16年	1484	3月16日	『竜田会得心用意日記』を作成。	法隆寺文書
文明16年	1484	12月14日	任圓僧正（興福寺東北院）が別当に補任。	別当記
文明17年	1485	2月22日	聖霊会を執行。	法隆寺文書
長享 2年	1488	2月22日	聖霊会を執行。	法隆寺文書

和暦	西暦	月日	事項	出典
長享 2年	1488	5月 5日～6月2日	尊英が『太子伝玉林抄』を書写。	墨書
長享 2年	1488		西円堂へ桔梗花散双雀鏡が寄進される。	墨書
長享 3年	1489	2月22日	聖霊会を執行。	法隆寺文書
長享 3年	1489	3月24日	舎利殿へ巡礼札を納入。	墨書
延徳 2年	1490	2月22日	聖霊会を執行。	法隆寺文書
延徳 3年	1491	12月25日	西円堂へ竹枝双雀鏡が寄進される。	墨書
明応 2年	1493	2月22日	聖霊会を執行。	法隆寺文書
明応 2年	1493	3月20日	春日曼荼羅を修理。	墨書
明応 3年	1494	4月 7日	弥勒院如法経堂を建立。	補忘集
明応 3年	1494	5月 7日	午刻に大地震発生。12月まで余震が続く。	大乗院寺社雑事記
明応 3年	1494	7月 2日	北室本堂上棟。	法隆寺文書・一陽集
明応 4年	1495	3月23日	聖霊会を執行。	法隆寺文書
明応 4年	1495	7月 5日	五重塔の心柱の継木を行う。	墨書
明応 4年	1495	7月 9日	五重塔の九輪円筒を作る。	針書
明応 5年	1496	2月22日	聖霊会を執行。	法隆寺文書
明応 6年	1497	2月22日	聖霊会を執行。	法隆寺文書
明応 6年	1497	4月 5日	秀誉が西円堂の太鼓を作る。	補忘集
明応 7年	1498	2月22日	聖霊会を執行。	法隆寺文書
明応 7年	1498	10月	舎利殿の牛玉箱を新調。	墨書
明応 8年	1499	2月22日	聖霊会を執行。	法隆寺文書
文亀～大永年間	1501～28		このころ勝鬘会が廃絶。	法隆寺文書

和暦	西暦	月日	事項	出典
文亀 2年	1502	2月22日	聖霊会を執行。	法隆寺文書
文亀 3年	1503	5月22日	聖霊会を執行。	法隆寺文書
永正 2年	1505	7月 2日	石名取玉の堆朱合子が作られる（献納宝物）。	刻銘
永正 3年	1506	7月25日	祈雨相撲のときに学侶と堂方が喧嘩。	多聞院日記
永正 4年	1507	6月	大方氏が竜田神宮図を描く。	墨書
永正 4年	1507	10月 1日	「殁故澄遍大徳」の書を修理。	墨書
永正 6年	1509	2月22日	聖霊会を執行。	法隆寺文書
永正 7年	1510	2月22日	聖霊会を執行。	法隆寺文書
永正 7年	1510	8月 8日	地震のために東院西面の廻廊が倒壊。	
永正 8年	1511	2月22日	聖霊会を執行。	法隆寺文書
永正 9年	1512	4月29日	政南院本堂上棟。	棟札
永正10年	1513	2月22日	聖霊会を執行。	法隆寺文書
永正10年	1513	9月10日	観舜が法華曼荼羅の箱を作る。	箱墨書
永正12年	1515	4月	金光院の曉秀が『往生講私記』を修理。	奥書
永正13年	1516	2月22日	聖霊会を執行。	法隆寺文書
永正15年	1518	2月 4日	地蔵堂の檜皮葺を瓦に改める。	墨書
永正15年	1518	2月22日	聖霊会を執行。	法隆寺文書
永正15年	1518	7月28日	晃圓上人（興福寺東北院）が別当の拝堂を行う。	別当記
永正17年	1520	7月	『古今目録抄』の箱を新造（献納宝物）。	墨書
大永 2年	1522	2月22日	聖霊会を執行。	法隆寺文書
大永 3年	1523	3月30日	夜半に綱封蔵に泥棒が入って、法具を盗み北倉に放火する。	一陽集・補忘集

和暦	西暦	月日	事項	出典
大永 3年	1523	4月	中門西方の金剛力士像体部の修理をはじめる。	納入法華経第三奥書
大永 3年	1523	8月	香呂箱陶箱を作る。	補忘集
大永 4年	1524	2月12日～	綱封蔵の修理をはじめる。	刻銘
大永 4年	1524	4月22日	聖霊会を執行。	法隆寺文書
大永 4年	1524	4月22日	聖霊会の柄香炉を新調。	墨書
大永 4年	1524		春乗が『大講堂講説表白』を書写。	奥書
大永 5年	1525	2月22日	聖霊会を執行。	法隆寺文書
大永 5年	1525	9月	中門西方の金剛力士像体部の修理が終わる。	納入法華経
大永 7年～享禄 2年	1527～29		このころ、舎利殿過去筺を作る。	朱漆書
大永 8年	1528	2月22日	聖霊会を執行。	法隆寺文書
享禄 2年	1529	12月22日	聖霊院へ牛玉宝珠、水瓶、唐櫃が寄進される。	法隆寺文書

和暦	西暦	月日	事項	出典
享禄 2年	1529		このころ存在した子院は、政蔵院・宝光院・安養院・瓦坊・地蔵院・西園院・西南院・中院・閼伽井坊・椿蔵院・花園院・西之院・知足院・脇坊・弥勒院・多聞院・金光院・普門院・湯屋坊・松立院・明王院・宝蔵院（以上、学侶坊）、西円堂・太子堂・宝性院・西坊・北院・仏餉院・政南院・東倉院・発志院・阿弥陀院・中道院・橘坊・福園院・蓮池院・法華院・善住院・西東住院・中東住院・東住院・蓮光院・文殊院・十宝院・賢聖院・橋坊（以上、堂方坊）、北室寺（以上、末寺）。	坊別並僧別納帳
享禄 3年	1530	2月22日	聖霊会を執行。	法隆寺文書
享禄 3年	1530	3月	永舜が中東住院持仏堂を建立。	瓦銘
享禄 3年	1530	夏	印円が『聖徳太子讃嘆式』を書写。	奥書
享禄 3年	1530	10月	法華曼荼羅を新調。	墨書
享禄 4年	1531	5月	本供養法御影供の料として弘法大師画像を聖霊院へ寄進。	墨書
享禄 5年	1532	2月22日	聖霊会を執行。	法隆寺文書
天文 2年	1533	2月22日	聖霊会を執行。	法隆寺文書
天文 2年	1533	4月22日	東林寺（修南院）を修理。	法隆寺文書
天文 2年	1533	11月	上宮王院の堂司永俊が灯明台を作る。	刻銘
天文 2年	1533		三千仏が描かれる。	墨書

和暦	西暦	月日	事項	出典
天文 3年	1534	1月13日	『金堂修正会日没導師作法』が書写される。	奥書
天文 3年	1534	2月22日	聖霊会を執行。	法隆寺文書
天文 3年	1534	8月彼岸	舎利殿の本尊厨子を造る。	墨書
天文 4年	1535	2月22日	聖霊会を執行。	法隆寺文書
天文 4年	1535	2月22日	北室院本堂の須弥壇を造立。	墨書
天文 5年	1536	2月22日	聖霊会を執行。	法隆寺文書
天文 5年	1536	7月29日	山城国の吉久が西円堂へ腰刀を奉納。	墨書
天文 6年	1537	2月22日	聖霊会を執行。	法隆寺文書
天文 8年	1539	2月22日	聖霊会を執行。	法隆寺文書
天文 9年	1540	2月19日	量深が聖霊会料の衲袈裟を法隆寺へ寄進。	補忘集
天文 9年	1540	2月22日	聖霊会を執行。	法隆寺文書
天文10年	1541	2月22日	聖霊会を執行。	法隆寺文書
天文12年	1543	2月22日	聖霊会を執行。	法隆寺文書
天文12年	1543	5月12日	西円堂へ腰刀が寄進される。	墨書
天文12年	1543	11月 2日	西円堂へ腰刀が寄進される。	墨書
天文14年	1545	2月22日	聖霊会を執行。	法隆寺文書
天文14年	1545	8月13日	伊賀国から西円堂へ腰刀を寄進。	墨書
天文15年	1546	2月	聖霊会の法服箱を新調。	墨書
天文16年	1547	2月22日	聖霊会を執行。	法隆寺文書
天文16年	1547	4月	願舜が勧進して講堂の瓦を作る。	刻銘
天文16年	1547	6月	源乗など6口の僧たちが石造の地蔵菩薩像を造る。	刻銘

和暦	西暦	月日	事項	出典
天文16年	1547	11月11日	澄経が『聖誉抄』を書写。	奥書
天文17年	1548	2月22日	聖霊会を執行。	法隆寺文書
天文17年	1548	11月	知足院の尭誉が勧進して東院鐘楼の屋根を葺き替える。	刻銘
天文17年	1548	12月	兼継（興福寺東北院）が別当に補任。	別当記
天文17年	1548		このころ法隆寺の寺領10万石という。	法隆寺文書
天文17年	1548		鎮守権現社を修理。	一陽集
天文17年	1548		北門を建立。	一陽集
天文18年	1549	2月22日	聖霊会を執行。	法隆寺文書
天文18年	1549	10月	懐秀が『金剛大夫法楽之日記』を記す。	奥書
天文18年	1549	11月 8日	西円堂へ腰刀が寄進される。	墨書
天文19年	1550	2月22日	聖霊会を執行。	法隆寺文書
天文20年	1551	2月22日	聖霊会を執行。	法隆寺文書
天文22年	1553	1月	公祐が夢殿へ悔過文台を寄進。	補忘集
天文22年	1553	2月22日	聖霊会を執行。	法隆寺文書
天文22年	1553	12月	兼深（興福寺東北院）が別当に補任。	別当記
天文23年	1554	2月22日	弥勒院が聖霊院前に角型石燈籠を寄進。	刻銘
天文23年	1554	4月 8日	『聖皇曼荼羅記』が記される。	奥書
天文24年	1555	2月22日	聖霊会を執行。	法隆寺文書
弘治 2年	1556	2月22日	聖霊会を執行。	法隆寺文書
弘治 2年	1556	2月22日	上宮王院で聖徳太子孝養画像の開眼供養を行う。	墨書
弘治 2年	1556	9月	聖霊会用の法服箱を新調。	墨書

和暦	西暦	月日	事項	出典
弘治 2年	1556	12月18日	大湯屋の脇釜を鋳出。	法隆寺文書
弘治 3年	1557	2月22日	聖霊会を執行。	法隆寺文書
弘治 4年	1558	2月22日	宗祐が聖霊院前に角型石燈籠を寄進。	刻銘
永禄 2年	1559	2月22日	聖霊会を執行。	法隆寺文書
永禄 2年	1559	4月	聖霊院前に角型石燈籠が寄進される。	刻銘
永禄 3年	1560	6月	三好長慶が法隆寺に禁制を掲げる。	
永禄 4年	1561	2月22日	聖霊会を執行。	法隆寺文書
永禄 5年	1562	2月	良忍房が『仁王護国般若経疏』(行信撰) 下巻を書写。	奥書
永禄 5年	1562	2月22日	聖霊会を執行。	法隆寺文書
永禄 5年	1562	3月1日	良忍房が『仁王護国般若経疏』(行信撰) 上巻を書写。	奥書
永禄 5年	1562	6月1日	正応が『聖徳太子伝正応抄』を記す。	奥書
永禄 6年	1563	2月22日	聖霊会を執行。	法隆寺文書
永禄 6年	1563	7月23日	『僧別坊別納帳』を作成。	
永禄 7年	1564	2月22日	聖霊会を執行。	法隆寺文書
永禄 7年	1564	5月 8日	西之院の祐舜が講堂の礼盤を作る。	銘
永禄 8年	1565	2月22日	聖霊会を執行。	法隆寺文書
永禄 8年	1565	11月	法隆寺は三好三人衆をはじめ5枚の禁制を獲得する。	
永禄 9年	1566	1月22日	舎利殿へ『聲明集』(光清筆) を施入。	奥書
永禄 9年	1566	2月22日	聖霊会を執行。	法隆寺文書

和暦	西暦	月日	事項	出典
永禄 9年	1566	4月16日	東林寺（修南院）を修理。	法隆寺文書
永禄 9年	1566	6月	法隆寺が三好氏の被官である篠原長房から禁制を得る。	
永禄10年	1567	9月22日	聖霊会を執行。	法隆寺文書
永禄10年	1567	12月22日	聖霊会を執行。	法隆寺文書
永禄10年	1567	12月22日	印実の画像を修理する。	墨書
永禄11年	1568	1月 5日	『金堂修正会日没導師作法』が書写される。	奥書
永禄11年	1568	2月	毘沙門講の寺僧たちが毘沙門講本尊を造る。	墨書
永禄11年	1568	9月	栄甚が『太子伝金玉抄』を著す。	奥書
永禄11年	1568	10月	織田信長が法隆寺に禁制を掲げる。	
永禄11年	1568	10月 3日	足利義昭が法隆寺に禁制を掲げる。	
永禄11年	1568	10月 6日	織田信長が法隆寺家中に家銭（矢銭）銀子150枚を課す。	
永禄12年	1569	2月22日	聖霊会を執行。	法隆寺文書
永禄12年	1569	4月	織田信長が法隆寺などに内裏の修造米を課す。	
永禄12年	1569		『金堂修正会咒師作法』が書写される。	奥書
永禄13年	1570	2月22日	聖霊会を執行。	法隆寺文書
元亀元年	1570	12月	聖霊院前に角型石燈籠が寄進される。	刻銘
元亀 2年	1571	1月 9日	清弘が『金堂修正会後夜作法』を書写。	奥書
元亀 2年	1571	2月22日	聖霊会を執行。	法隆寺文書

和暦	西暦	月日	事項	出典
元亀 2年	1571	9月27日	足利義昭が法隆寺に禁制を掲げる。	
元亀 3年	1572	1月30日	松永久秀が法隆寺への矢銭を免除する。	
元亀 3年	1572	2月22日	聖霊会を執行。	法隆寺文書
元亀 3年	1572	5月	尾張衆両三人が法隆寺に兵糧米1000石を賦課する。	
元亀 3年	1572		金光院御堂を造営。	一陽集
元亀 4年	1573	2月22日	聖霊会を執行。	法隆寺文書
天正元年	1573	8月22日	長誉が聖霊院前に角型石燈籠を寄進。	刻銘
天正 2年	1574	1月	織田信長が法隆寺境内への陣取などを禁止する掟を作る。これより数回にわたり軍兵の乱暴狼藉、陣取、放火などを禁じる。	古事便覧
天正 2年	1574	9月	聖霊院の桝を作る。	刻銘
天正 2年	1574	10月18日	興専が聖霊院前に角型石燈籠を寄進。	刻銘
天正 2年	1574	11月10日	織田信長が法隆寺に対して西寺と東寺に分離することを命じる。	古事便覧・法隆寺文書
天正 3年	1575	2月22日	聖霊会を執行。	法隆寺文書
天正 5年	1577	2月22日	聖霊会を執行。	法隆寺文書
天正 5年	1577	2月22日	慶弘が『聖霊会読師私記』を書写。	奥書
天正 5年	1577	8月彼岸	舎利殿に阿弥陀三尊画像が寄進される。	墨書
天正 5年	1577	10月	織田信忠が法隆寺東寺に禁制を掲げる。	

和暦	西暦	月日	事項	出典
天正 6年	1578	2月22日	聖霊会を執行。	法隆寺文書
天正 6年	1578	11月	西円堂前に角型石燈籠が寄進される。	刻銘
天正 6年	1578	12月19日	織田信長が法隆寺東寺に「先年」の通りとする黒印状を与える。	
天正 7年	1579	2月	織田信長が法隆寺西寺に天正2年と同様の掟を下す。	古事便覧
天正 7年	1579	2月22日	聖霊会を執行。	法隆寺文書
天正 7年	1579	3月10日	織田信長が法隆寺東寺に「別状」なしとの黒印状を出す。	
天正 7年	1579	5月 4日～5日	法隆寺西寺の衆が東寺に討ち入り堂舎を打ち壊す。	
天正 7年	1579	6月12日	織田信長が筒井順慶に法隆寺西寺・東寺の出入りの処理を命じる。	
天正 8年	1580	6月27日	宝舜が舎利殿前に角型石燈籠を寄進。	刻銘
天正 8年	1580	9月	織田信長が大和の諸給人知行方、寺社本所領の指出を命じる。	
天正 8年	1580	10月	法隆寺から織田信長へ差し出した目録に寺領1200石余という記述あり。このころ、法隆寺の重要な荘園であった播磨国佐勢の地の支配権もなくなりつつあったという。	寺領差出一紙目録・古事便覧
天正 9年	1581	2月22日	聖霊会を執行。	法隆寺文書
天正 9年	1581	3月17日	舎利殿の縁板を取り替える。	墨書
天正10年	1582	2月22日	聖霊会を執行。	法隆寺文書
天正10年	1582	3月	大湯屋の湯釜を作る。	陽鋳銘

和暦	西暦	月日	事項	出典
天正10年	1582	6月	織田信孝が法隆寺に禁制を掲げる。	
天正10年	1582	7月23日	学侶（西寺）、堂衆（東寺）が和談の条々を取り交わす。	
天正11年	1583	2月22日	聖霊会を執行。	法隆寺文書
天正11年	1583	4月	舎利堂打敷方から本供養衆へ『本供養法衆児之絹』が譲渡される。	墨書
天正12年	1584	2月22日	聖霊会を執行。	法隆寺文書
天正12年	1584		高栄が十一面観音画像を修理。	
天正13年	1585	8月16日	地蔵堂を修理。	墨書銘
天正13年	1585	閏８月	豊臣政権が大和の諸寺社に指出を命じる。	
天正13年	1585	9月14日	豊臣秀長が法隆寺に掟を下す。	
天正13年	1585		豊臣秀長が法隆寺に寺領1000石を寄進したという。	古事便覧
天正14年	1586		豊臣秀長が郡山城の普請のために法隆寺に普請役を課す。	
天正18年	1590	2月22日	西円堂に腰刀が寄進される。	墨書
天正20年	1592	1月	関白豊臣秀次が「宗標」の額を記す。	刻銘
文禄 2年	1593	1月	舜清が『金堂修正会開白導師作法』を書写。	奥書
文禄 2年	1593	6月16日	新堂院を修理し、その上棟を行う。	棟札
文禄 4年	1595	9月21日	豊臣秀吉が法隆寺に大和広瀬郡の1000石を寄進。	
文禄 4年	1595		検地のときに「陵山」（藤ノ木古墳）は除地と記す。	除地之覚

和暦	西暦	月日	事項	出典
慶長年間	1596～1615		『法隆寺村水帳』に、「陵山」のことを「崇峻天皇陵」と記す。	斑鳩文庫目録抄
慶長 2年	1597	2月11日	栄甚が一臈法印に補任。	法隆寺文書
慶長 3年	1598		日向の柳原八郎が西円堂へ腰刀を寄進。	墨書
慶長 4年	1599	2月22日	聖霊会を執行。	法隆寺文書
慶長 4年	1599	2月22日	北政所が聖霊会料の袈裟を法隆寺へ寄進。	補忘集
慶長 4年	1599		法隆寺伽藍の修理のため、豊臣秀頼から3000石支給される。	寺辺之記
慶長 5年	1600	2月22日	聖霊会を執行。	法隆寺文書
慶長 5年	1600	6月	日向の柳原三郎が西円堂へ腰刀を寄進。	墨書
慶長 5年	1600	6月21日～次年8月	舎利殿を修理。	墨書
慶長 5年	1600	11月10日	懐訓が一臈法印に補任。	法隆寺文書
慶長 5年	1600		このころ聖霊院、三経院、築垣、西院西廻廊の修理がはじまる。	講堂瓦銘
慶長 6年	1601	2月22日	聖霊会を執行。	法隆寺文書
慶長 6年	1601	6月	聖霊院正面の建具廻りを改造。	墨書
慶長 6年	1601	11月20日	豊臣秀頼が西円堂の梵鐘を造る。	刻銘
慶長 6年	1601		北室を修理。	古事便覧
慶長 6年	1601		このころ西院東廻廊、妻室、東院東廻廊などを修理。	瓦銘
慶長 6年	1601		北室の唐門を修理。	棟札
慶長 7年	1602	2月22日	聖霊会を執行。	法隆寺文書

和暦	西暦	月日	事項	出典
慶長 7年	1602	4月	三経院の談義用の桶を新調。	墨書
慶長 7年	1602	6月10日	聖霊院を修理。	墨書
慶長 7年	1602		東室を修理。	瓦銘
慶長 8年	1603	6月	講堂を修理。	墨書
慶長 8年	1603	9月	金堂を修理。	墨書
慶長 9年	1604		聖霊院を修理。	古事便覧
慶長 9年	1604		このころ五重塔、金堂、講堂などを修理。	瓦銘
慶長 9年 ～ 慶長11年	1604 ～ 1606		夢殿及び廻廊を修理。	瓦銘
慶長10年	1605	7月27日	伝法堂の渡廊を造営。	墨書
慶長10年	1605	12月	長波が一﨟法印に補任。	法隆寺文書
慶長10年	1605		上御堂、礼堂、伝法堂を修理。	瓦銘
慶長10年	1605		このころ豊臣秀頼が、法隆寺全伽藍を修理。	鳥衾刻銘
慶長10年	1605		大湯屋を修理。	瓦銘
慶長10年	1605		舎利殿の擬宝珠を作る。	刻銘
慶長11年	1606	2月	西円堂に菊丸紋双雀鏡が寄進される。	墨書
慶長11年	1606	2月	清右衛門が聖霊院へ釣燈籠を寄進。	刻銘
慶長11年	1606	3月11日	舜清が一﨟法印に補任。	法隆寺文書
慶長11年	1606	5月	又右衛門が西円堂へ八重梅花散鏡を寄進。	墨書
慶長11年	1606	8月	三経院、聖霊院、南大門を修理。	棟札
慶長11年	1606	8月17日	善光寺如来御書箱の外箱を新調。	古事便覧

和暦	西暦	月日	事項	出典
慶長11年	1606	9月15日	豊臣秀頼が片桐市正且元に命じて新林山、岡本山を修理料として法隆寺へ施入。	法隆寺文書
慶長11年	1606		豊臣秀頼が東院南門、礼堂を修理。	棟札
慶長11年	1606		このころ綱封蔵南倉を修理。	刻印銘
慶長11年	1606		綱封蔵南倉に仏像を安置。	一陽集
慶長12年	1607	4月	三経院の談義用の桶を作る。	墨書
慶長12年	1607	8月	礼堂、伝法堂、大湯屋などの修理を行う。	棟札・一陽集
慶長12年	1607	12月27日	駿府城が炎上。中井正清が馳せ参じる。	駿府政事録
慶長12年	1607		実秀が『太子伝撰集鈔別要』を著す。	奥書
慶長14年	1609	1月	釜口屋彦左衛門が聖霊院へ釣燈籠を寄進。	刻銘
慶長14年	1609	8月	芝藤吉が聖霊院へ釣燈籠を寄進。	刻銘
慶長15年	1610	1月 6日	玄識が舎利殿へ春日赤童子画像を寄進。	墨書
慶長15年	1610	2月18日	弘算が一臈法印に補任。	法隆寺文書
慶長15年	1610	3月 1日	仙尊が地蔵院の堂舎を修理。	棟札
慶長15年	1610	4月26日	識音が大乗妙典一千部供養を行う。	
慶長15年	1610	5月	中井五左衛尉が聖霊院へ釣燈籠を寄進（現存3基）。	刻銘
慶長15年	1610	6月	南甚介政次が聖霊院へ釣燈籠を寄進。	刻銘
慶長16年	1611	2月22日	聖霊会を執行。	法隆寺文書

和暦	西暦	月日	事項	出典
慶長16年	1611	8月	角藤久三郎が聖霊院へ釣燈籠を寄進。	刻銘
慶長16年	1611	8月	中井信濃守利次が聖霊院へ釣燈籠を寄進。	刻銘
慶長16年	1611	11月25日	尊弘が五重塔へ祈願札を納める。	墨書
慶長17年	1612	4月8日	堀之内伊豆が聖霊院へ釣燈籠を寄進。	刻銘
慶長17年	1612	9月	中井大和守内が聖霊院へ釣燈籠を寄進。	刻銘
慶長17年	1612	9月	中井次良八利清が聖霊院へ釣燈籠を寄進。	刻銘
慶長18年	1613	仲夏	『三経院表白』を修理。	奥書
慶長19年	1614	2月	清右衛門が聖霊院へ釣燈籠を寄進。	刻銘
慶長19年	1614	3月	阿弥陀院の実秀が駿府城に登城して徳川家康の御前で興福寺の一乗院らとともに論議を行う。	駿府政事録
慶長19年	1614	8月17日	中井正清が法隆寺舎利殿、聖霊院、東大寺法華堂、興福寺南大門などの棟札の写しを携えて駿府城へ登城する。	駿府政事録
慶長19年	1614	9月22日	岡崎太郎蔵正利が聖霊院へ釣燈籠を寄進。	刻銘
慶長19年	1614	11月 4日	徳川家康が中井正清に大坂近郊の絵図を作成することを命じる。	駿府政事録
慶長19年	1614	11月16日	徳川家康が大坂の役に赴く途中法隆寺に立ち寄り聖徳太子尊像を拝して、阿弥陀院に1泊する。	一陽集・古事便覧

和暦	西暦	月日	事項	出典
慶長19年	1614	11月17日	徳川家康が法隆寺を出発して摂州住吉に陣を置く。中井正清が参陣する。	駿府政事録
慶長19年	1614	12月13日	徳川家康が中井正清に梯子や熊手の作成を命じる。	駿府政事録
慶長19年	1614	12月16日	徳川家康が中井正清に仏郎機(大砲)の架を製作することを命じる。	駿府政事録
慶長20年	1615	4月27日(28日ともいう)	夜半に大坂豊臣勢3000人（1万人ともいう）が法隆寺の西にあった中井正清宅を焼き払う。	駿府政事録
元和年間	1615～24		このころ北室一派を立て万代不朽律とする。	古事便覧
元和年間	1615～24		徳蔵院（現宝珠院）を大峯正大先達の寺とする。	法隆寺文書
元和 2年	1616	8月 3日	松福寺の実秀が聖霊院へ釣燈籠を寄進。	刻銘
元和 4年	1618	1月	中井信濃守が聖霊院へ釣燈籠を寄進。	刻銘
元和 4年	1618	3月28日	長乗が一臈法印に補任。	法隆寺文書
元和 5年	1619	1月21日	中井大和守正清没。	中井家文書
元和 5年	1619	12月	中井信濃守が聖霊院へ釣燈籠を寄進。	刻銘
元和 5年	1619	冬	修南院の茶釜を作る。	刻銘
元和 6年	1620	11月28日	夜半に西円堂へ盗人が入り、貝吹きの坊主を殺害し、長刀などを盗む。	法隆寺文書
元和 6年	1620		乗円が明王院で『聖徳太子講式』を書写。	奥書

和暦	西暦	月日	事項	出典
元和 7年	1621	9月22日	懐賀が聖霊院へ釣燈籠を寄進。	刻銘
元和 8年	1622	3月 6日	光祐が一臈法印に補任。	
元和 8年	1622		金光院と律学院を焼失。	一陽集・愚子見記
元和 8年	1622	8月	法隆寺堂衆が律学院太子堂再興を勧進。	法隆寺文書
元和 8年	1622	9月	中井伊豆守が聖霊院へ釣燈籠を寄進。	刻銘
元和 9年	1623	3月	実祐が伝顕真作『上宮太子講式』を書写。	奥書
元和 9年	1623	8月 6日	大日講の人びとが宝積寺の修理を行う。	棟札銘写
寛永元年	1624	4月11日	藤原吉門が西円堂へ脇指を寄進。	墨書
寛永 2年	1625	5月	片桐出雲守が聖霊院へ釣燈籠を寄進。	刻銘
寛永 4年	1627	4月22日	律学院の本尊馬上太子像の開眼供養を行う。	墨書
寛永 5年	1628	2月	中井大和守正侶が聖霊会の錫杖衆に袈裟横尾20具を寄進。	中井家文書
寛永 5年	1628	2月	元和8年の金光院焼失により、この年から聖霊会集会所を三経院へ移す。	聖霊会集会引付
寛永 5年	1628	2月13日	松山見三郎が西円堂へ腰刀を寄進。	墨書
寛永 5年	1628	2月22日	聖霊会を執行。	法隆寺文書
寛永 5年	1628	2月22日	京堀川の茨木屋次郎兵衛が聖霊会へ読師経箱を寄進。	墨書
寛永 6年	1629	6月 8日	覚祐が一臈法印に補任。	

和暦	西暦	月日	事項	出典
寛永 9年	1632	12月 1日	仙尊が一臈法印に補任。	法隆寺文書
寛永10年	1633	3月	『法隆寺末寺帳』を作成。	法隆寺文書
寛永10年	1633	5月	仏性院の懐賀が聖霊院へ釣燈籠を寄進。	刻銘
寛永10年	1633	9月	松平出羽守が律学院へ鰐口を寄進。	刻銘
寛永12年	1635	10月23日	宗古らが聖霊院へ半鐘を寄進。	刻銘
寛永12年	1635	11月	弁懐らが上宮王院へ釣燈籠を寄進。	刻銘
寛永13年	1636	5月	北室で『仏説盂蘭盆経』を開版。	刻銘
寛永13年	1636	11月	法隆寺の寺僧たちが聖霊会の再興を勧進。	法隆寺文書
寛永14年	1637	10月	妙春が聖霊院へ釣燈籠を寄進。	刻銘
寛永14年	1637		観音院の高栄が『勝鬘経義疏』『十七条憲法』並びに『五十八箇条制』を刊行。	奥書
寛永15年	1638	1月	片岡屋与介が聖霊院へ釣燈籠を寄進。	刻銘
寛永16年	1639	2月22日	聖霊会を執行。	法隆寺文書
寛永16年	1639	2月22日	中井正行が聖霊会料として米25石と梵音衆の袈裟20具（銀子20枚）を寄進。	中井家文書
寛永16年	1639	7月11日	宗意が聖霊院前へ角型石燈籠を寄進。	刻銘
寛永16年	1639	11月	横井宗清が律学院太子堂前へ角丸型石燈籠一対を寄進。	刻銘
寛永17年	1640	3月18日	英算の菩提のために愛染明王坐像を造立。	墨書
寛永19年	1642	7月21日	北室で『舎利礼』を開版。	刻銘

和暦	西暦	月日	事項	出典
寛永20年	1643	1月	北室の了性らが受戒之本尊として釈迦如来画像、弥勒菩薩画像、文殊菩薩画像を新調。	箱書
寛永21年	1644	1月26日	修南院を修理し、金殿2宇新造。同院で徳川家康・秀忠の画像の供養を行う。	一陽集・補忘集
寛永21年	1644	2月22日	聖霊会を執行。	法隆寺文書
寛永21年	1644	10月25日	中井大和守が聖霊院へ釣燈籠を寄進。	刻銘
正保 2年	1645	2月	修南院の机を新調。	墨書
慶安元年	1648	5月	竜田大明神名所絵図が描かれる。	墨書
慶安元年	1648	10月25日	了性房明空が舎利塔を建立。	墨書
慶安 2年	1649	8月17日	北室の善勝が律学院西之間の阿弥陀坐像を造立。	朱漆銘
慶安 3年	1650	2月	西円堂へ腰刀が寄進される。	墨書
慶安 3年	1650	11月	法隆寺村の人びとが聖徳太子の宝前へ変形春日型燈籠を寄進。	刻銘
慶安 3年	1650	11月	辻勘重が須弥壇格狭間を作る。	墨書
慶安 4年	1651	7月 7日	栄寿が春日曼荼羅を法隆寺へ寄進。	墨書
慶安 5年	1652	8月15日	十六羅漢画像を修理。	墨書
承応元年	1652	10月25日	北室の明空が舎利塔を建立。	墨書
承応元年	1652	12月	仙懐が法眼米沙汰倉の階段を新調。	墨書
承応元年	1652		律学院の夏談用の机を作る。	墨書
承応 3年	1654		東林寺の額を作る。	額刻銘
承応 4年	1655	4月 8日	法隆寺村本町の牧与助が聖霊院前に角丸型石燈籠を寄進。	陰刻銘

和暦	西暦	月日	事項	出典
明暦元年	1655	4月17日	高栄が一臈法印に補任。	法隆寺文書
明暦元年	1655	12月22日	聖霊院の銅製茶湯天目台及び茶碗を作る。	刻銘
明暦 2年	1656	2月22日	聖霊会を執行。	法隆寺文書
明暦 2年	1656	11月	新屋八大夫が三経院前に角丸型石燈籠を寄進。	刻銘
明暦 3年	1657	12月24日	賢聖院の尊誉が聖徳太子自作という地蔵尊を再興。	法隆寺文書
明暦 3年	1657		北室を修理。	棟札
明暦 4年	1658		西円堂へ釣燈籠が寄進される。	刻銘
万治 2年	1659	7月	東之寺総堂（衆）用の裳を新調。	墨書
万治 2年	1659	8月 2日	上宮王院と西円堂の悔過箱を新調。	墨書
万治 3年	1660		政南院本堂を修理。	墨書
寛文元年	1661	9月	中野次郎兵衛が聖霊院へ釣燈籠を寄進。	刻銘
寛文元年	1661	11月	聖霊院へ釣燈籠が寄進される。	刻銘
寛文 2年	1662	5月 1日	琵琶湖西岸や京都に大地震発生。広範囲に被害があった。	
寛文 2年	1662	5月27日	光喜が一臈法印に補任。	
寛文 2年	1662	8月15日	清理比丘尼が聖霊院の地蔵菩薩像の宝前へ銅仏供鉢を施入。	陰刻銘
寛文 3年	1663		大地震発生。仁王門前の石燈籠が倒れたため修理。	刻銘
寛文 4年	1664	3月	京仏師の新之烝が須弥壇（現宝珠院本堂）の光背欄間を作る。	墨書
寛文 4年	1664	7月	聖徳太子水鏡御影を弥勒院の懐清が相伝していたと軸裏に記載。	墨書

和暦	西暦	月日	事項	出典
寛文 4年	1664	11月	律学院太子堂の前机を新調。	墨書
寛文 6年	1666	2月29日	証文櫃を新調。	墨書
寛文 6年	1666		廻如意輪画像を新調。	墨書
寛文 7年	1667	4月	光喜が花園院表門（現実相院）を建立。	棟木銘
寛文 8年	1668	3月	英賛が天満宮を修理。	棟札
寛文 8年	1668	9月	覚賢が大聖天御供札入箱を新調。	墨書
寛文 9年	1669	1月	金堂御行の勅使座があると記載。	法式条々
寛文 9年	1669	2月	西里の太子講中が聖霊院へ角丸型石燈籠を寄進。	陰刻銘
寛文 9年	1669	2月22日	聖霊会を執行。	法隆寺文書
寛文10年	1670	2月22日	聖霊会を執行。	法隆寺文書
寛文10年	1670	2月22日	曾我二直庵が錫杖衆鷹画3幅対を描く。	墨書
寛文10年	1670	9月	栄春が松尾寺大黒天へ釣燈籠を寄進。	刻銘
寛文10年	1670	11月	中道院の舜盛が『地蔵講式』を書写。	奥書
寛文11年	1671	1月11日	懐賛が『金堂修正会神供作法』を書写。	奥書
寛文11年	1671	12月	中村新平が聖霊院へ釣燈籠を寄進。	陰刻銘
寛文12年	1672	11月下旬	舎利殿の南無仏舎利が変色し血の色の如くなる。	年代記
寛文12年	1672		北室本堂を修理。	墨書
寛文13年	1673	2月	太子講中が聖霊院へ変形春日型燈籠を寄進。	刻銘

和暦	西暦	月日	事項	出典
寛文13年	1673	3月18日	七観音の天蓋を新調。	墨書
延宝年間	1673～81		英賛が西南院を修理。	法隆寺文書
延宝元年	1673	10月	再び舎利殿の南無仏舎利の色が変色する。	年代記
延宝 2年	1674	3月	北室の円忍と忍空が京城粟田口の天王坊で象炉を造り、北室の常住物とする。	刻銘
延宝 2年	1674	4月13日	法隆寺周辺に大雨が降る。	年代記
延宝 2年	1674	6月13日	申刻より翌申刻まで洪水。死者続出し、民家流失する。	年代記
延宝 3年	1675	5月	絵殿内障子絵を修理。	墨書
延宝 3年	1675	6月4日	法隆寺周辺で洪水が発生。	年代記
延宝 3年	1675	7月12日	舎利殿へ阿弥陀来迎仏画像が寄進される。	墨書
延宝 3年	1675	9月22日	双身毘沙門天像が法隆寺へ寄進される。	墨書
延宝 3年	1675	11月25日	大風が吹く（辰刻より丑刻まで)。	年代記
延宝 3年	1675		この年の記録に「崇峻天皇御廟・陵山」と記載。	除地之覚
延宝 3年	1675		聖霊院の庇屋根を修理。	修理費入用帳
延宝 3年	1675		このころ宝山湛海が、北室に寓居する。	
延宝 3年	1675		このころ懐清が、弥勒院を再興する。	法隆寺文書
延宝 4年	1676	7月14日	洪水のため竜田橋が流れる。	年代記
延宝 4年	1676	10月	西円堂へ腰刀が寄進される。	墨書

和暦	西暦	月日	事項	出典
延宝 4年	1676	11月	河内屋七左衛門が西園院へ鰐口を寄進。	銘
延宝 4年	1676	12月24日	正順が蓮光院地蔵堂の地蔵菩薩像の台座を作る。	墨書
延宝 7年	1679	1月	松尾寺の清賀が護摩堂の礼盤を作る。	墨書
延宝 7年	1679	10月 8日	大和八尾村の孫市郎が西円堂へ腰刀を寄進。	墨書
延宝 8年	1680	12月	覚勝が地蔵堂の地蔵菩薩の大台を作る。	墨書
延宝 9年	1681	5月21日	平井宣茂が律学院へ角丸型石燈籠を寄進。	刻銘
延宝 9年	1681		聖霊院向拝屋根の一部を修理。	法隆寺文書
天和元年	1681	12月	瓦坊を普請。	法隆寺文書
天和 2年	1682	3月	南都橋本の多田屋快善が聖霊院へ釣燈籠を寄進。	刻銘
天和 2年	1682	5月	法隆寺制札を作る。	銘
天和 3年	1683	6月	教興浄誓が逆修のために木造持国天像を造る。	胎内銘
貞享元年	1684	3月15日	中宮寺より北室へ香炉箱及び戒体箱を寄進。	墨書
貞享元年	1684	6月	法隆寺村本町の次郎兵衛が西円堂へ鰐口を寄進。	一陽集・年代記
貞享元年	1684	11月 5日	夜丑下刻に西大門を焼失。	一陽集
貞享 2年	1685		西大門の仮門を造る。	一陽集
貞享 3年	1686	7月	興留村の加兵衛が聖霊院へ角丸型石燈籠を寄進。	刻銘
貞享 4年	1687	2月29日	実円が一臈法印に補任。	法隆寺文書
貞享 4年	1687	4月	律学衆の法服箱を新調。	墨書

和暦	西暦	月日	事項	出典
貞享 4年	1687	11月	長谷川等真が如意輪観音像を描く。	墨書
貞享 4年	1687		覚勝が中院の雑舎を建立。	棟札
貞享 5年	1688	1月	法隆寺制札を作る。	銘
元禄元年	1688	11月 1日	惣社明神の修理をはじめる。	年代記
元禄 2年	1689	2月	東院四脚門の鳥衾瓦を作る。	刻銘
元禄 2年	1689	10月20日	行秀が『金堂幷聖皇曼荼羅記』を書写。	奥書
元禄 2年	1689		新堂を修理。	棟札
元禄 3年	1690	2月	懐賢が弥勒院伝来の聖徳太子水鏡御影を修理。	墨書
元禄 3年	1690	2月15日~5月15日	法隆寺の諸堂を開帳する。	開帳等目録
元禄 3年	1690	4月	四天王寺の常園が発願して法隆寺聖霊院へ聖徳太子繡之御影を寄進。	墨書
元禄 3年	1690	8月	食堂の瓦を葺き替える。	刻銘
元禄 3年	1690	8月28日	東室院の良賛五師が、金堂内の半鐘を造る。	刻銘
元禄 3年	1690	9月	聖徳太子一千七十年忌大会式のために聖霊会用の衲袈裟、呂甲袈裟、青甲袈裟と法服を修理。	墨書
元禄 3年	1690	9月	聖徳太子一千七十年忌大会式のために聖霊会用の衲袈裟、青甲袈裟の横帯、法服と直垂白帳箱を新調。	墨書
元禄 3年	1690	9月18日	中宮寺観音堂の供養を行う。	年代記
元禄 3年	1690	9月21日	辰刻に中宮寺観音堂の供養に学侶出仕。午刻に堂方出仕。	年代記

和暦	西暦	月日	事項	出典
元禄 3年	1690	11月	このころ食堂細殿を修理。	瓦銘
元禄 3年	1690		五所宮を修理。	勘定帳控
元禄 3年	1690		夢違観音像の光背と厨子を新調。	開帳等目録
元禄 3年	1690		絵殿で絵解きを行う。	開帳等目録
元禄 3年	1690		聖霊院の厨子内に荷葉の絵を描く。	開帳等目録
元禄 3年	1690		聖霊院厨子の扉は法事のときに開いていたが、元禄4年からは正月元旦と2月22日だけ開扉することを決議する。	開帳等目録
元禄 3年	1690		聖霊院厨子の錠前を新調。	開帳等目録
元禄 3年	1690		金堂外部の4面に金燈籠を釣り仏供は外陣へ供えて、朝暮の勤行は外陣で行い、法事のときだけ金堂内陣に入ることを決議する。	開帳等目録
元禄 3年	1690		五重塔は法事のときに扉を開いていたが、元禄4年からは2月15日だけ開扉することを決議する。	開帳等目録
元禄 4年	1691	1月	『法隆寺年会日次記』を記しはじめる。	年会日次記
元禄 4年	1691	1月	法服、袈裟などを新調。	勘定帳控
元禄 4年	1691	1月	聖霊院を修理。	勘定帳控
元禄 4年	1691	1月	綱封蔵内部を改造。	勘定帳控
元禄 4年	1691	1月	西室を修理。	勘定帳控
元禄 4年	1691	1月	並松道両脇を普請。	勘定帳控
元禄 4年	1691	2月	梓真弓の模造が寄進される。	金泥銘

和暦	西暦	月日	事項	出典
元禄 4年	1691	2月	東院で行われていた聖霊会を西院講堂前に移して行うことを決定する。	法隆寺文書
元禄 4年	1691	2月17日～23日	聖霊会を執行。	天保記
元禄 4年	1691	春	懐賢が木造弥勒菩薩坐像を修理。	墨書
元禄 4年	1691	6月 7日	綱封蔵を修理のために開封。	天保記
元禄 4年	1691	6月10日	修南院の築地を修理。	年会日次記
元禄 4年	1691	7月22日	三宝院を徳川家の御霊屋とする。	補忘集
元禄 4年	1691	7月22日	綱封蔵を開封。宝物を金堂へ移す。	年会日次記
元禄 4年	1691	8月16日	聖霊院修理の入札を行う。	年会日次記
元禄 4年	1691	8月19日	聖霊院の修理に着工。	年会日次記
元禄 4年	1691	11月	椿蔵院の実円が円成院を修理。	瓦刻銘
元禄 4年	1691	11月 8日	宝物を綱封蔵へ移納。	年会日次記
元禄 4年	1691		五重塔の屋根を修理。	瓦銘
元禄 4年	1691		金堂の廊下を修理。	勘定帳控
元禄 4年	1691		護摩堂の屋根を修理。	勘定帳控
元禄 4年	1691		堀川熊太郎が西円堂へ腰刀を寄進。	墨書
元禄 5年	1692	1月	大経蔵厨子を新調。	勘定帳控
元禄 5年	1692	1月	食堂を修理。	勘定帳控
元禄 5年	1692	1月	三宝院を修理。	勘定帳控
元禄 5年	1692	1月	舎利殿内陣の障子絵を修理。	勘定帳控
元禄 5年	1692	1月	宝物箱や御輿を修理。	勘定帳控
元禄 5年	1692	1月	法隆寺所蔵の仏画を修理。	勘定帳控

和暦	西暦	月日	事項	出典
元禄 5年	1692	1月	聖霊院と三経院の内部を洗う。	勘定帳控
元禄 5年	1692	1月	西室と妻室の築地を築く。	勘定帳控
元禄 5年	1692	1月	聖霊院の天蓋を新調。	勘定帳控
元禄 5年	1692	1月	金堂の北正面参籠所を修理。	勘定帳控
元禄 5年	1692	1月	三宝院の天井を修理。	勘定帳控
元禄 5年	1692	2月 6日	金剛鈴の台を作る。	墨書
元禄 5年	1692	2月15日	三宝院御殿及び金堂下陣の入札を行う。	補忘集
元禄 5年	1692	2月15日	金堂の修理がはじまる。	勘定帳控
元禄 5年	1692	3月 6日	尊殊が一臈法印に補任。	
元禄 5年	1692	3月17日～18日	東大寺大仏開眼供養に法隆寺僧が出仕。法隆寺舞楽の舞台を東大寺へ貸し出す。	天保記・年会日次記
元禄 5年	1692	5月	律学院の院主祐慶らが律学院へ扉などを寄進。	墨書
元禄 5年	1692	5月29日	聖霊院礼堂に高座天蓋を掛ける。	天保記
元禄 5年	1692	7月	松尾寺大黒天の釣燈籠を改造する。	刻銘
元禄 5年	1692	7月22日	郡山の大工仲間が講堂の香炉の台を造る。	墨書
元禄 5年	1692	8月23日	辻本甚兵衛が調子麿像と黒駒像を造る。	古事便覧
元禄 5年	1692	9月17日	伝法堂内の千手観音像を円成院へ移す。	年会日次記
元禄 5年	1692	11月	和州山辺郡小路村の清衛門が聖霊院へ釣燈籠を寄進。	刻銘
元禄 5年	1692	12月18日	観音院の高順が学頭に補任。	法隆寺文書

和暦	西暦	月日	事項	出典
元禄 5年	1692		椿蔵院の実円の遺願によって円成院を再興し、法起寺金堂の四天王のうち二天を円成院へ移す。	一陽集
元禄 5年	1692		五重塔内の塑像を補色。	一陽集
元禄 6年	1693	1月	御位牌所を修理。	勘定帳
元禄 6年	1693	1月	『大般若経』を修理して、箱を新調。	勘定帳
元禄 6年	1693	1月	金堂火舎鉢7口を作る。	勘定帳
元禄 6年	1693	3月 5日	懐賢が三蔵会竪義を遂業。	天保記
元禄 6年	1693	5月25日	雨乞のために、礼堂で『大般若経』を転読。	天保記
元禄 6年	1693	6月 1日	雨乞のために、竜池社で『般若心経』1万巻を読誦。	天保記
元禄 6年	1693	8月 1日	聖霊院へ常燈籠が寄進され、その供養を行う。	天保記
元禄 6年	1693	8月25日	地蔵院の台所上棟。	天保記
元禄 6年	1693		三宝院において正月以来毎月の徳川家康の忌日に唯識講問を行う。	一陽集
元禄 6年	1693		金堂内の百萬塔数百基を夢殿内へ移す。	年会日次記
元禄 7年	1694	1月12日	法隆寺一山の集会で江戸での出開帳を決する。	江戸開帳之記
元禄 7年	1694	2月16日	南都奉行所へ江戸出開帳の口上書を提出する。	江戸開帳之記
元禄 7年	1694	2月22日～24日	聖霊会を執行。	天保記

和暦	西暦	月日	事項	出典
元禄 7年	1694	3月29日	『太子絵伝』（4幅）を長谷川等真に模写させる。このころ長谷川等真が舎利殿の障子絵を模写する。	江戸開帳之記
元禄 7年	1694	4月27日	江戸での法隆寺出開帳出願のために覚勝、覚賢、懐賢が江戸へ発足。	江戸開帳之記
元禄 7年	1694	4月28日	三宝院の池を掘る。	天保記
元禄 7年	1694	5月 5日	法起寺の堂供養に学侶が出仕。	年会日次記
元禄 7年	1694	5月 8日	覚勝たちが江戸へ到着。	江戸開帳之記
元禄 7年	1694	5月18日	寺社奉行所へ江戸出開帳を願い出る。	江戸開帳之記
元禄 7年	1694	6月	細野一郎左衛門が六目鏑矢の箱を法隆寺へ寄進する。	銘
元禄 7年	1694	6月 1日 (閏5月9日)	寺社奉行所が江戸出開帳を許可する。	江戸開帳之記
元禄 7年	1694	6月 9日	宝物が法隆寺を出発する。	江戸開帳之記
元禄 7年	1694	6月16日	桂昌院が覚勝たちが持参していた法隆寺の宝物を上覧。	江戸開帳之記
元禄 7年	1694	6月20日	法隆寺の宝物が江戸に到着。	江戸開帳之記
元禄 7年	1694	6月30日	徳川光圀が法隆寺の宝物を拝見。	江戸開帳之記
元禄 7年	1694	7月 5日	江戸回向院で法隆寺出開帳が開白する。	江戸開帳之記
元禄 7年	1694	8月22日	江戸の太子講中が夢違観音像台座を寄進。	陰刻銘

和暦	西暦	月日	事項	出典
元禄 7年	1694	9月	桂昌院が糞掃衣の箱を寄進（献納宝物）。	銘
元禄 7年	1694	9月	桂昌院が『梵網経』の箱を寄進（献納宝物）。	銘
元禄 7年	1694	9月	桂昌院が御足印の箱を寄進（献納宝物）。	銘
元禄 7年	1694	9月 3日	徳川綱吉が法隆寺の宝物を上覧。	江戸開帳之記
元禄 7年	1694	9月 5日	江戸回向院で法隆寺出開帳が結願する。	江戸開帳之記
元禄 7年	1694	9月16日	江戸出開帳を10月15日まで延長する。	江戸開帳之記
元禄 7年	1694	10月16日	覚勝の発案によって、桂昌院が徳川綱吉の武運長久を祈って大講堂前に常燈籠を建立することを発願する。	江戸開帳之記
元禄 7年	1694	10月22日	法隆寺の宝物が江戸を出発する。	江戸開帳之記
元禄 7年	1694	10月22日	法隆寺の寺僧たちが中門前へ石燈籠を寄進。	刻銘
元禄 7年	1694	11月	桂昌院が講堂前へ銅燈籠を寄進。	古事便覧・銘
元禄 7年	1694	11月 4日	法隆寺の宝物が法隆寺に到着。	江戸開帳之記
元禄 7年	1694	11月14日	懐賢が法隆寺学頭に補任。	年会日次記
元禄 7年	1694	11月28日	覚勝たちが南都奉行所から証文と引き換えに銀子を受け取る。出開帳の賽銭4200両、出開帳諸経費900両余。	江戸開帳之記
元禄 7年	1694	12月	宝物箱24口を新調。	勘定帳控

和暦	西暦	月日	事項	出典
元禄 7年	1694	12月10日	水戸中納言から使者が来る（聖徳太子への信心のためという）。	天保記
元禄 7年	1694		御足印箱を作る（献納宝物）。	墨書
元禄 7年	1694		東大門潜り戸の鬼瓦と海老錠を新調。	勘定帳控
元禄 8年	1695	1月	金堂を修理。	勘定帳控
元禄 8年	1695	1月	上御堂を修理。	勘定帳控
元禄 8年	1695	1月	東院築地を築く。	勘定帳控
元禄 8年	1695	1月	東院惣門を竜田から購入。	勘定帳控
元禄 8年	1695	1月	聖霊院の繋台や香炉箱を新調。	勘定帳控
元禄 8年	1695	1月	行信発願の『大般若経』を修理。	勘定帳控
元禄 8年	1695	1月	天満宮を修理。	勘定帳控
元禄 8年	1695	1月	不明門石壇を修理。	勘定帳控
元禄 8年	1695	1月	西大門の築地を修理。	勘定帳控
元禄 8年	1695	1月	吉祥院を遍照院へ引き移す。	勘定帳控
元禄 8年	1695	1月	橘坊を引き移す。	勘定帳控
元禄 8年	1695	1月	法性院と円明院を修理。	勘定帳控
元禄 8年	1695	1月	芝之口を修理。	勘定帳控
元禄 8年	1695	2月 5日	中院で英弘が三蔵会竪義を遂業。	
元禄 8年	1695	2月27日	京都真如堂で開く出開帳のために、聖霊院本尊聖徳太子坐像などの宝物が法隆寺を出発。	京都開帳中曳付
元禄 8年	1695	2月28日	法隆寺宝物が真如堂に到着。	京都開帳中曳付
元禄 8年	1695	3月 3日	真如堂での法隆寺出開帳が開白する。	京都開帳中曳付

和暦	西暦	月日	事項	出典
元禄 8年	1695	5月 8日	東山天皇が法隆寺宝物を叡覧。	京都開帳中曳付
元禄 8年	1695	5月12日	六条西門主が法隆寺宝物を拝見。	京都開帳中曳付
元禄 8年	1695	5月14日	仙洞御所（霊元天皇）が法隆寺宝物を上覧。	京都開帳中曳付
元禄 8年	1695	5月22日	真如堂での法隆寺出開帳が結願。	京都開帳中曳付
元禄 8年	1695	5月22日	法隆寺の寺僧たちが中門前に石燈籠を寄進。	刻銘
元禄 8年	1695	5月24日	法隆寺宝物が真如堂を出発。	京都開帳中曳付
元禄 8年	1695	5月25日	法隆寺宝物が法隆寺に帰着。出開帳の賽銭800両、出開帳諸経費450両。	京都開帳中曳付
元禄 8年	1695	7月22日	桂昌院が寄進した講堂前大金燈籠の供養を行う。	天保記
元禄 8年	1695	8月10日	金堂と上御堂の修理入札を行う。	年会日次記
元禄 8年	1695	9月18日	牧権兵衛が中門前に石燈籠を寄進。	刻銘
元禄 8年	1695	9月19日	勧学院引き移しの入札を行う。	年会日次記
元禄 8年	1695	10月15日	西六条門主が法隆寺を参詣、安養院にて休息。	天保記
元禄 8年	1695	10月17日	牧清次郎が中門前へ石燈籠を寄進。	刻銘
元禄 8年	1695	11月11日	牧権兵衛が中門前へ石燈籠を寄進。	刻銘
元禄 8年	1695	11月15日	仏名会を地蔵院で行う。	天保記

和暦	西暦	月日	事項	出典
元禄 8年	1695	12月	律学院の前机を作る。	朱漆書
元禄 8年	1695	12月 9日	勧学院客殿を明王院へ引き移す。	年会日次記
元禄 8年	1695		覚勝、覚賢、懐賢が法隆寺伽藍大修理の修理奉行となる。	年会日次記
元禄 8年	1695		黒瀧潮音が法隆寺に参詣して偈を作る。	墨書
元禄 9年	1696	1月 8日	桂昌院70歳祝賀のために『大般若経』の転読を行う。	天保記
元禄 9年	1696	1月29日	五重塔と中門の修理入札を行う。	年会日次記
元禄 9年	1696	3月	金堂を修理。	年会日次記
元禄 9年	1696	3月	中門を修理。	年会日次記
元禄 9年	1696	3月	江戸の人びとが聖徳太子十六歳刺繍像を太子堂へ寄進。	繡銘
元禄 9年	1696	3月 3日	舎利の水晶塔を新調。	天保記
元禄 9年	1696	3月 5日	大坂四天王寺における法隆寺出開帳のために聖霊院本尊聖徳太子坐像などの宝物が法隆寺を出発。	天王寺開帳記録
元禄 9年	1696	3月 5日	法隆寺宝物が四天王寺に到着。	天王寺開帳記録
元禄 9年	1696	3月8日~5月26日	四天王寺で法隆寺の出開帳が開白する。	天保記・天王寺開帳記録
元禄 9年	1696	4月	大坂道頓堀で岩井半四郎の「法隆寺開帳」の芝居が行われる。	
元禄 9年	1696	4月 6日	上御堂の屋根を葺きはじめる。	年会日次記
元禄 9年	1696	4月20日	上御堂の屋根完成。	年会日次記

和暦	西暦	月日	事項	出典
元禄 9年	1696	4月22日	金堂の屋根を葺きはじめる。	年会日次記
元禄 9年	1696	5月	桂昌院が五重塔修理料として300両を寄進。	天王寺開帳記録
元禄 9年	1696	5月	五重塔と金堂三尊の高欄を修理。	勘定帳控
元禄 9年	1696	5月	勧学院を修理。	勘定帳控
元禄 9年	1696	5月	金屛風二双と聖徳太子絵伝を新調。	勘定帳控
元禄 9年	1696	5月	東院の築地を築きはじめる。	寺要日記
元禄 9年	1696	5月26日	法隆寺宝物が四天王寺を出発し、同日、法隆寺に帰着。	天王寺開帳記録
元禄 9年	1696	6月	三宝院地内に中宮寺を建立。	天保記
元禄 9年	1696	6月27日	妙音院で講堂、経蔵、廻廊の修理入札を行う。	年会日次記
元禄 9年	1696	8月22日	金堂の土壇を築く。	天保記
元禄 9年	1696	9月	五重塔を修理する。塔の伏鉢を作る。	心柱墨書・伏鉢銘
元禄 9年	1696	9月	良尊が宝珠院の表門を修理し、築地を築造。	棟札
元禄 9年	1696	9月 7日	講堂、廻廊の大工仕事をはじめる。	年会日次記
元禄 9年	1696	9月18日	広誉の勧進で聖霊院の如意輪観音像の光背を新造。	光背銘
元禄 9年	1696	9月20日	五重塔の九輪の供養を行う。	年会日次記・天保記
元禄 9年	1696	10月 3日	金堂の竜、塔本の力士像を新彫。	天保記
元禄 9年	1696	10月24日	広誉の勧進で聖霊院の地蔵菩薩像の光背を造る。	墨書

和暦	西暦	月日	事項	出典
元禄 9年	1696	11月	蓮池院の表門及び築地塀を建立。	棟札
元禄 9年	1696	11月	広誉の勧進で夢殿本尊厨子を修理。	扉銘
元禄 9年	1696	11月	桂昌院の寄附金で五重塔の修理が終わる。	五重塔心柱墨書
元禄 9年	1696	11月 9日	夢殿本尊厨子の大改造を行う。このとき救世観音像を修理。	天保記・扉銘
元禄 9年	1696	12月	来春から修理に着手する建物の入札を行う。太子堂・上宮王院・西円堂・三経院・役行者堂・綱封蔵・権現社・一切経蔵・東室・西室・大湯屋・四足門・南大門・西大門・中之門・寄門・北之門・山口之門。続いて修理すべきもの。舎利殿・絵殿・伝法堂・礼堂・東院廻廊・東院鐘楼・新堂・金光院・西院築地・五所社・天満宮・立田社。	年会日次記
元禄 9年	1696	12月	既に修理済の建造物は五重塔・祈禱所・金堂・講堂・上御堂・食堂・細殿・鐘楼・経蔵・中門・廻廊・護摩堂・御霊屋・勧学院・八足門・四足門・東院廻築地・東院惣門・惣社宮であった。	年会日次記
元禄 9年	1696	12月	金堂御行の仏供膳を新調。	墨書
元禄 9年	1696	12月13日	政南院文殊堂を修理。	墨書
元禄 9年	1696	12月14日	中道院の表門を新造。	天保記
元禄 9年	1696		良賛が夏講の『表白経釈』を書写。	奥書

和暦	西暦	月日	事項	出典
元禄 9年	1696		遍照院と正覚寺の屋根の入れ替えを行う。	天保記
元禄10年	1697	1月26日	南無仏舎利の台を新調。	年会日次記
元禄10年	1697	2月	承仕たちが聖霊院前へ石燈籠を寄進。	刻銘
元禄10年	1697	2月 2日	『法隆寺伽藍破損修覆覚』を記す。	奥書
元禄10年	1697	2月 5日	行秀が三蔵会竪義を遂業。	天保記
元禄10年	1697	2月22日	聖霊会を執行。	
元禄10年	1697	3月	諸堂の本尊を修理。	勘定帳控
元禄10年	1697	3月	『法隆寺一切経』を修理。	勘定帳控
元禄10年	1697	3月18日	宝珠院の台所上棟。	天保記
元禄10年	1697	3月26日	南大門築地を築きはじめる。	年会日次記
元禄10年	1697	4月5日	東大寺大仏殿立柱。	天保記
元禄10年	1697	5月	夢殿石壇上の擬宝珠を作る。	刻銘
元禄10年	1697	7月 8日	聖霊院屋根の檜皮を葺く。	年会日次記
元禄10年	1697	8月17日	吉祥院と法性院屋敷替の評定を行う。	年会日次記
元禄10年	1697	8月30日	聖霊院修理のために、本尊を東室へ奉移。	天保記
元禄10年	1697	9月	新堂院を修理。	棟札
元禄10年	1697	9月 1日	泉州の石工が西円堂へ石燈籠を寄進。	刻銘
元禄10年	1697	9月 8日	泉州信達牧野村の石工が西円堂へ石造水鉢を寄進。	刻銘
元禄10年	1697	9月23日	金光院屋敷の常念仏堂を修理。	天保記
元禄10年	1697	11月22日	金光院常念仏堂上棟。	年会日次記

和暦	西暦	月日	事項	出典
元禄10年	1697	12月	聖霊院前へ石造水鉢が寄進される。	刻銘
元禄10年	1697	12月 2日	上宮王院を修理。	寺要日記
元禄10年	1697	12月 2日	東院常番はじまる。	天保記
元禄10年	1697	12月28日	聖霊院本尊還座。	天保記
元禄10年	1697		西大門を新造。	一陽集
元禄10年	1697		中門仁王像を修理。	勘定帳
元禄11年	1698	1月	三経院の文殊菩薩像を造立。	勘定帳
元禄11年	1698	1月	円明院を北側へ引き移す。	
元禄11年	1698	2月	法隆寺の寺僧たちが円型石燈籠を中門前へ寄進。	刻銘
元禄11年	1698	3月22日	三経院の登高座を修理。その前机を新調。	朱漆銘
元禄11年	1698	5月	堯誉が聖霊院前へ石燈籠を寄進。	刻銘
元禄11年	1698	5月18日	『諸堂仏体数量記』を記す。	奥書
元禄11年	1698	6月23日	賢聖院の地蔵菩薩像を伝法堂へ移納。	年会日次記
元禄11年	1698	10月29日	宗源寺念仏堂完成。入仏供養を行う。	一陽集
元禄11年	1698	11月14日	良尊が一臈法印に補任。	天保記
元禄11年	1698		西円堂を修理。	仕様書
元禄11年	1698		宗源寺念仏堂の修理料と円明院の引料を支払う。	勘定帳
元禄12年	1699	1月	五重塔の塑像を修理。	勘定帳控
元禄12年	1699	1月	勧学院を修理。	勘定帳控
元禄12年	1699	1月20日	遍照院が承仕寺となる。	天保記

和暦	西暦	月日	事項	出典
元禄12年	1699	5月20日	三経院文殊菩薩像の開眼供養を行う。	天保記
元禄12年	1699	10月	極楽寺から不断念仏を宗源寺へ移す。	一陽集
元禄12年	1699	10月12日	金光院境内に宗源寺（妙剛院）を建立。その本堂である聖徳太子念仏三昧堂の供養会に学侶12口が出仕。	宗源寺過去帳
元禄12年	1699	12月	聖天堂の大聖歓喜天円壇を新調。	墨書
元禄12年	1699	12月15日	良尊と良賛が聖天堂の卓を新調。	墨書
元禄12年	1699		吉祥会の公人御供調達進所（現普門院本堂）を新造。	一陽集
元禄12年	1699		宗源寺及び勧学院の普請料を支払う。	勘定帳
元禄12年	1699		竈所を建てる。	一陽集
元禄13年	1700	2月15日	長慶と信慶が宗源寺の阿弥陀坐像の光背を新調。	朱漆銘
元禄13年	1700	2月22日	聖霊会を執行。	法隆寺文書
元禄13年	1700	7月 7日	椿蔵院の表門を建立。	天保記
元禄13年	1700	7月15日	久保久左衛門が宗源寺内に六字名号碑を建てる。	刻銘
元禄13年	1700	11月	山辺郡の清左衛門が聖霊院へ釣燈籠を寄進。	刻銘
元禄13年	1700		旱暑のため水天画像を新調し、北室で水天供を修法した。	墨書

和暦	西暦	月日	事項	出典
元禄14年	1701	1月	法隆寺領の安部村などへ日照りによる被害のための救援米を出す。	年会日次記
元禄14年	1701	7月 6日	金光院屋敷のうち1間分を宗源寺に譲る。	天保記
元禄14年	1701	9月14日	東院不明門（南門）前で西円堂の鏡を鎔かして宗源寺の梵鐘を造る。	銘・一陽集・古事便覧・天保記
元禄14年	1701	10月21日	安養院の院号を法輪院と改める。	天保記
元禄14年	1701	12月	良尊が宝珠院の客殿玄関築地を建立。	棟札
元禄14年	1701		田原の十輪寺が末寺となる。	天保記
元禄14年	1701		『勧学院文庫諸道具入日記』が記される。	奥書
元禄15年	1702	4月 2日	宝山湛海が摂州多田院へ安置するために不動明王坐像（現在、西円堂安置）を刻す。	天保記
元禄15年	1702	4月18日	慈恩大師画像（法華寺旧蔵）を修理。	箱墨書
元禄15年	1702	5月	護摩堂の歓喜天多羅の台を新調。	台裏墨書
元禄15年	1702	8月22日	中院の礼盤を新調。	礼盤裏墨書
元禄15年	1702	12月11日	泗州会を再興。	天保記
元禄16年	1703	3月11日	宗源寺の鐘楼を建立。	棟札
元禄16年	1703	7月	良海が礼盤を新調。	墨書
元禄16年	1703	8月17日	松平美濃守が法隆寺へ参詣、宝物を一覧。	天保記
元禄16年	1703		上使米倉氏が法隆寺へ参詣。	

和暦	西暦	月日	事項	出典
元禄16年	1703		法隆寺領地の安部池を普請する。	年会日次記
元禄17年	1704	2月	聖霊会舞台講堂の図を作成。	墨書
元禄17年	1704	2月15日	宝珠院を建立。	年会日次記
元禄17年	1704	2月22日	聖霊会を執行。	天保記
宝永元年	1704	4月	勧学院の屋根を修理。	勘定帳控
宝永元年	1704	7月25日	円成院観音堂を寺中末寺とする。	天保記
宝永元年	1704	9月	興留村の栗本九兵衛が夢殿前へ角型石燈籠を寄進。	刻銘
宝永元年	1704	9月	袈裟（薬師寺旧蔵）を新調。	袈裟裏墨書
宝永元年	1704	11月22日	東院鐘楼を修理。	地覆墨書
宝永 2年	1705	2月26日	西円堂の御供所を修理。	年会日次記・天保記
宝永 2年	1705	5月 1日	蓮光院地蔵堂地蔵尊の台座を修理。	台座墨書
宝永 2年	1705	5月吉日	蓮光院地蔵堂を修理。	瓦銘
宝永 2年	1705	7月 6日	陵山宝積寺の境内地、建物、畑などを大日講より法隆寺末寺の宗源寺に譲る。宝積寺は宗源寺の隠居所となる。そのころ、奉行所に提出するために作成した宝積寺の図面に、「崇峻天皇御廟　陵山之高サ四間壱尺　陵山之廻リ七拾弐間」とある。	宗源寺文書
宝永 2年	1705	7月 6日	坪内若狭が聖霊院へ金燈籠1基を寄進。	天保記
宝永 2年	1705	9月	寛算が西円堂へ釣燈籠を寄進。	刻銘

和暦	西暦	月日	事項	出典
宝永 2年	1705	10月	快真が曾我二直庵が描いた錫杖衆鷹画3幅対を舎利殿へ寄進。	墨書
宝永 2年	1705	12月	遍照院屋敷が中院の西側へ移る。	天保記
宝永 2年	1705		舎利殿内陣を修理。	勘定帳
宝永 2年	1705		中門東方の金剛力士像を修理。	一陽集・勘定帳
宝永 2年	1705		五重塔の塑像を潤色。	一陽集・勘定帳
宝永 2年	1705		中門番所の戸と仁王像の金剛柵を新調。	勘定帳
宝永 2年	1705		聖徳太子伝の講釈を行う。	天保記
宝永 3年	1706	3月28日	良賛が一﨟法印に補任。	年会日次記
宝永 3年	1706	4月27日	舎利殿の礼盤を新調。	礼盤裏墨書
宝永 3年	1706	5月 6日	立野本宮東一坊一件の文書箱を新調。	蓋表墨書
宝永 3年	1706	8月	中院訓英の画像を修理。	墨書
宝永 3年	1706	9月	覚賢が地蔵院所蔵の黒耳天画像を護摩堂へ寄進。	墨書
宝永 3年	1706		上御堂の築地を築く。	勘定帳
宝永 3年	1706		楽太鼓と楽鉦鼓を新調。	勘定帳
宝永 3年	1706		宝積寺を修理する。その棟札に、「陵山王女院宝積寺」と記載。	棟札銘写
宝永 4年	1707	2月22日	聖霊会を執行。	
宝永 4年	1707	5月22日	舎利殿伽陀本箱を新調。	朱漆銘
宝永 4年	1707	8月	舎利殿の経箱と袈裟箱を新調。	朱漆銘
宝永 4年	1707	10月	宥信が聖霊院へ釣燈籠を寄進。	刻銘

和暦	西暦	月日	事項	出典
宝永 4年	1707	10月 4日	午下刻に地震発生。法隆寺伽藍廻りの壁・五重塔の露盤などが破損。境内の石燈籠が残らず倒壊。	年会日次記
宝永 4年	1707	10月 4日	新堂の聖徳太子二歳像が地震によって壇下に落ちる。このとき徳治2年（1307）に造立された太子像であることが判明。	一陽集・像内墨書
宝永 4年	1707	10月11日	三井法輪寺が法隆寺の末寺となる（一時的か）。	天保記
宝永 4年	1707	12月	講堂会式用の分経机を新調。	机裏墨書
宝永 4年	1707	12月	源頼朝寄進の経帙を修理。	墨書
宝永 4年	1707	12月	中院の覚勝が大講堂会式法事、舎利堂並びに礼堂法事の経机を新調。	朱漆銘
宝永 4年	1707		唯識曼荼羅、勝鬘経講讃御影、十六善神画像などを修理。	勘定帳
宝永 4年	1707		中院の覚勝の尽力によって桂昌院から中宮寺へ46石余りの朱印状が下付される。	法隆寺文書
宝永 4年	1707		西岸寺古澗が描いた涅槃図を表具する。	勘定帳
宝永 4年	1707		『涅槃経』と『新田義貞之状』を修理。	勘定帳
宝永 4年	1707		中宮寺へ『四分比丘尼羯磨法』を寄進。	奥書
宝永 4年	1707		聖霊院を修理。	普請方諸払帳
宝永 4年	1707		三宝院蔵と勧学院唐門の屋根を修理。	勘定帳

和暦	西暦	月日	事項	出典
宝永 4年	1707		聖霊会を執行。	
宝永 5年	1708	1月18日	城南山崎観音寺の以空が法隆寺へ如意輪梵漢3幅対を寄進。	箱墨書
宝永 5年	1708	1月27日	辰刻に大地震発生。	年会日次記
宝永 5年	1708	夏	舎利殿年中行事懸札を作る。	漆書
宝永 5年	1708		冥府社を遷宮。	勘定帳
宝永 5年	1708		三宝院の屋根を修理。	勘定帳
宝永 5年	1708		地震によって破損した五重塔の露盤を修理。	勘定帳
宝永 5年	1708		舎利殿精進供の御膳を勧学院文庫に入れる。	法隆寺文書
宝永 6年	1709	5月16日	専寿尼が三経院へ聖徳太子三十五歳像を寄進。	天保記
宝永 6年	1709	7月	並松町から聖霊院へ変形神前型石燈籠を寄進。	刻銘
宝永 6年	1709	8月	法隆寺堂衆が聖徳太子十六歳孝養画像を新調。	箱墨書
宝永 6年	1709	9月	覚勝と覚賢が聖霊院毎日講所用の春日社曼荼羅を修理して箱を新調。	箱墨書
宝永 6年	1709	12月	摂津多田院の大護摩助修壇を新調。	墨書
宝永 6年	1709		西円堂奉納刀や脇指を磨く。	勘定帳
宝永 6年	1709		大湯屋を修理。	勘定帳
宝永 7年	1710	5月29日	年会所へ福生院表門の建立を願い出る。	年会日次記
宝永 7年	1710	6月	覚賢が地蔵院本堂を修理。	棟札
宝永 7年	1710	7月	古今目録抄箱を作る（献納宝物）。	漆書

和暦	西暦	月日	事項	出典
宝永 7年	1710	7月27日	絵殿の内陣に仏壇を造って夢違観音像を安置する。	年会日次記
宝永 7年	1710	7月27日	夢殿に前立観音立像を安置する。	年会日次記
宝永 7年	1710	8月	良賛が天神画像を修理。	墨書
宝永 7年	1710	8月	覚賢が釈迦十大弟子画像を修理。	墨書
宝永 7年	1710	8月18日	覚賢が如意輪観音画像を修理。	墨書
宝永 7年	1710	8月21日	年会所へ法花院表門の建立を願い出る。	年会日次記
宝永 7年	1710	9月	覚賢が不動明王画像を修理。	墨書
宝永 7年	1710	11月	五尊像曼荼羅を修理。	軸裏墨書
宝永 7年	1710	11月	信誉が宗源寺へ西岸寺古澗筆の浄土曼荼羅を施入。	墨書
宝永 7年	1710	11月 5日	寛算が橋坊表門の建立を年会所へ願い出る。	年会日次記
宝永 7年	1710		法隆寺領の安部村と大垣内村の池を普請する。	勘定帳
宝永 7年	1710		このころ蓮光院を清浄院地に移す。	
宝永 7年	1710		懐賢が弥勒院の仏前机2脚を新調。	朱漆銘
宝永 8年	1711	1月	覚賢が智證大師筆の不動明王画像を修理。	墨書
宝永 8年	1711	2月	上宮王院の聖徳太子御影箱を新調。	墨書
宝永 8年	1711	2月22日	法隆寺開帳。	年会日次記
宝永 8年	1711		上御堂本尊の光背を修理。	勘定帳
宝永 8年	1711		上御堂と金堂の畳を新調。	勘定帳

和暦	西暦	月日	事項	出典
宝永 8年	1711		宝光院と金剛院を交替に引き移す。	勘定帳
宝永 8年	1711		『大般若経』を修理。	勘定帳
正徳元年	1711	5月	覚賢が六字観音画像を修理。	墨書
正徳元年	1711	5月	四天王紋錦を修理。	墨書
正徳元年	1711	5月	弁財天之図を修理。	墨書
正徳元年	1711	5月	覚賢が舎利殿の春日赤童子画像を修理。	墨書
正徳元年	1711	5月	古保庄太郎が西円堂へ釣燈籠を寄進。	刻銘
正徳元年	1711	6月 5日	行秀が西南院表門を建立。	棟札
正徳元年	1711	7月 1日	行秀が観音院表門を建立。	棟札
正徳元年	1711	7月 6日	西岸寺古澗筆の大涅槃像八相成道絵像3幅の開眼供養を行う。	一陽集
正徳元年	1711	11月	弘弁が蓮光院表門を再興。	棟札
正徳元年	1711	11月28日	南大門の東西に小松を植える。	年会日次記
正徳 2年	1712	2月21日~22日	聖霊会を執行。	法隆寺文書
正徳 2年	1712	4月14日	宝光院上棟。	天保記
正徳 2年	1712	4月29日	覚勝が中院表門を建立。	棟札
正徳 2年	1712	8月 3日	覚勝が普門院表門を建立。	棟札
正徳 2年	1712	10月	覚勝が荒神供前机を新調。	墨書
正徳 2年	1712	10月15日	宗源寺内に宝篋印塔を建立。	刻銘
正徳 2年	1712		勧学院の屋根を葺き替える。	勘定帳
正徳 2年	1712		賢聖院と中東住院の屋敷を交換。	年会日次記
正徳 3年	1713	1月	快胤が法花院表門を建立。	棟木銘

和暦	西暦	月日	事項	出典
正徳 3年	1713	1月	弘弁が『地蔵講式』を書写。	奥書
正徳 3年	1713	2月22日	稗田村から聖霊院前へ角型石燈籠を寄進。	刻銘
正徳 3年	1713	5月	聖霊院礼堂の高座と前机を修理。	朱漆銘
正徳 3年	1713	11月17日	金光院の坊舎、立具、障子、蔵、門屋などを宗源寺へ譲る。金光院の名称が消滅。金光院の光英は政南院へ移る。	法隆寺文書
正徳 3年	1713	12月22日	棟梁仲間が聖霊院前へ変形春日型石燈籠を寄進。	刻銘
正徳 3年	1713		南大門前川の石垣と宗源寺前福井川の石垣を修理。	勘定帳
正徳 3年	1713		伝法堂、惣社拝殿、廻廊の瓦を作る。	刻銘
正徳 3年	1713		瓦坊と多聞院屋敷を交替する。	年会日次記
正徳 4年	1714	1月10日	金堂の花形机を新調。	天保記・朱塗銘
正徳 4年	1714	1月17日	新堂の屋根を修理。	年会日次記
正徳 4年	1714	1月22日	西方院を修理。	年会日次記
正徳 4年	1714	2月11日	極楽寺地蔵堂を建立。	天保記
正徳 4年	1714	4月22日	覚勝が一臈法印に補任。	年会日次記
正徳 4年	1714	5月	小泉屋が舎利殿へ釣燈籠を寄進。	刻銘
正徳 4年	1714	8月 8日	大風により講堂が破損したので修理する。	天保記
正徳 4年	1714	11月	弘賢が春日社へ角丸型石燈籠を寄進。	刻銘

和暦	西暦	月日	事項	出典
正徳 4年	1714	11月19日	弘賢が福生院表門の修理を年会所に願い出る。	天保記
正徳 4年	1714	11月19日	宝光院持仏堂と法花院台所を再興。	天保記
正徳 4年	1714		法隆寺領の安部村の川の普請を行う。	勘定帳
正徳 4年	1714		法隆寺領の安部池の普請を行う。	勘定帳
正徳 4年	1714		法隆寺領が不作のために法隆寺から援助米を出す。	年会日次記
正徳 4年	1714		大講堂の高座と護摩壇を塗り改める。	勘定帳
正徳 4年	1714		絵殿へ絵馬が寄進される。	墨書
正徳 5年	1715	2月22日	聖霊会を執行。	法隆寺文書
正徳 5年	1715	10月	三蔵会や慈恩会用の精義者掛板を新調。	墨書
正徳 5年	1715	11月14日	相殿の須弥壇を造立。	墨書
正徳 5年	1715		三経院と三宝院の屋根を修理。	勘定帳
正徳 5年	1715		懐賢と良訓が金剛子念珠の改め状を記す。	墨書
正徳 6年	1716	2月30日	文庫を修理するために宝物を綱封蔵へ収納。	天保記
正徳 6年	1716		懐賢学頭再補の詩（秋田道的筆）を修理。	墨書
享保年間	1716~36		塩見政誠が蜻蛉蟷螂蒔絵印籠を作る（献納宝物）。	銘
享保元年	1716	10月	西室の半鐘を新調。	刻銘
享保元年	1716	12月	西大寺へ百萬塔を寄進。	法隆寺文書

和暦	西暦	月日	事項	出典
享保 2年	1717	7月 9日	懐存が『弥勒講式』（康暦3年書写）を修理。	奥書
享保 2年	1717	7月20日	懐賢が弥勒院表門を建立。	棟札
享保 2年	1717	7月21日	百萬塔を舎利殿へ入れる。	天保記
享保 2年	1717	8月	十方院表門を建立。	天保記・法隆寺文書
享保 2年	1717	8月 9日	覚勝が百萬塔を夢殿へ納める。	天保記
享保 2年	1717	12月	百萬塔300基を摂津多田院へ寄進。	法隆寺文書
享保 2年	1717	12月	北室庫裡の修理がはじまる。	天保記
享保 2年	1717	12月 7日	法隆寺が叡福寺へ勝鬘会御幡1筥と御褥1筐を寄進。	天保記・法隆寺文書
享保 2年	1717		橋之坊表門を建立。	法隆寺文書
享保 3年	1718	1月14日	覚勝が中院の台所を建立。	年会日次記
享保 3年	1718	1月25日	北室内の雑舎と食堂を建立。	一陽集
享保 3年	1718	2月22日	聖霊会を執行。	
享保 3年	1718	3月	北村了夢が中門前へ石造水鉢を寄進。	刻銘
享保 3年	1718	4月 7日	夜半に金堂へ盗人が入る。	天保記
享保 3年	1718	4月23日	新堂を修理。	天保記
享保 3年	1718	10月27日	観音院の田地を法隆寺が買い上げる。	年会日次記
享保 4年	1719	8月	金堂へ納経する。	銘
享保 4年	1719	8月 3日	蓮光院代々の供養塔を建立。	刻銘
享保 4年	1719	8月 3日	良訓が『大唐大慈恩寺基大師碑文書讃』（天承書写）を修理。	奥書
享保 4年	1719	11月21日	並松の家屋22軒が焼失。	天保記

和暦	西暦	月日	事項	出典
享保 5年	1720	1月	千日参講中が三経院前へ変形春日型燈籠を寄進。	刻銘
享保 5年	1720	2月17日~4月23日	法隆寺開帳を行う。	年会日次記
享保 5年	1720	2月23日	護持院の隆光大僧正らが中院に宿泊。	
享保 5年	1720	5月23日	寺僧たちが綱封蔵の封来状を記す。	法隆寺文書
享保 5年	1720		天満宮の屋根を葺き替える。	棟札
享保 5年	1720		良訓が『法隆寺政所并法頭略記』を修理。	奥書
享保 6年	1721	2月22日	聖霊会を執行。	
享保 6年	1721	6月13日	阿弥陀院の懐舜が台所を建立。	天保記
享保 6年	1721	6月22日	綱封蔵を開封。	覚悟記
享保 6年	1721	7月	覚勝が成福寺へ六臂如意輪観音像を寄進。光背と台座を新調。	朱書
享保 6年	1721	7月 4日	覚定が政蔵院の修理を年会所へ願い出る。	覚悟記
享保 6年	1721	7月28日	照空が宝性院へ入院。	天保記
享保 7年	1722	8月	極楽寺の梵鐘を鋳造するために法隆寺から西円堂奉納鏡を寄附。	法隆寺文書
享保 7年	1722	8月27日	夢殿の半鐘を造る。	刻銘
享保 7年	1722	8月29日	極楽寺の梵鐘を造る。	一陽集
享保 7年	1722		中道院が一時的に廃院となる。	一陽集
享保 8年	1723	1月26日	政南院文殊堂を修理。	法隆寺文書
享保 8年	1723	5月	蓮光院地蔵堂を宝蔵院へ移建し、宝蔵院を中道院に移す。蓮光院地を文殊院に合併。	一陽集

和暦	西暦	月日	事項	出典
享保 8年	1723	9月	法隆寺村から聖霊院前へ変形神前型石燈籠を寄進。	刻銘
享保 8年	1723	12月	文殊院を改築。	法隆寺文書
享保 8年	1723		蓮光院地蔵堂の中道院への移建願いを年会所へ出す。	年会日次記
享保 8年	1723		蓮光院坊舎の福園院への移建願いを年会所へ出す。	年会日次記
享保 9年	1724	2月	宝珠院坊舎建て直しの図面を作る。	年会日次記
享保 9年	1724	2月23日	京都和泉式部誠心院で法隆寺出開帳を行う。聖霊院本尊の聖徳太子摂政像などが法隆寺を出発。	年会日次記
享保 9年	1724	2月27日	誠心院で法隆寺出開帳を開白する。	年会日次記
享保 9年	1724	4月18日	誠心院での法隆寺出開帳が結願する。	年会日次記
享保 9年	1724	4月26日	誠心院より法隆寺の宝物が帰着。	年会日次記
享保 9年	1724	5月 4日	宝物改めを行い綱封蔵南倉へ入れる。	天保記
享保 9年	1724	10月	東安堵村の遠山氏が宗源寺内に地蔵菩薩立像（石造）を造立。	刻銘
享保 9年	1724	秋	福成院の専勝円長が同院観音像の古座で聖徳太子摂政像を造立。	墨書
享保10年	1725	10月 2日	上宮王院で道詮律師の八百五十年忌を執行。	天保記
享保11年	1726	8月13日	天満宮を造り替える。	棟札

和暦	西暦	月日	事項	出典
享保11年	1726	冬	良訓が金堂の牛玉板と箱を新調。	墨書
享保12年	1727	1月18日	夜子刻に勧学院焼失。宝光院類焼。	一陽集・天保記・寺要便覧
享保12年	1727	6月 5日	覚勝が西南院の礼盤を修理。	墨書
享保12年	1727	6月18日	実雅が地蔵院覚賢の遺物として雨童子画像を宝庫へ寄進。	墨書
享保12年	1727	8月24日	弥勒院所蔵の聖徳太子自作という推古天皇守護尊の聖観音像を阿弥陀院へ寄進し、その台座を新調。	墨書
享保12年	1727	11月 7日	宗源寺で一万四千日供養を行う。	天保記
享保13年	1728	3月10日	京仙が夢殿前へ春日型石燈籠を寄進。	刻銘
享保13年	1728	9月	真野兵助が西円堂へ正宗の小脇指を寄進。	墨書
享保14年	1729	11月	地蔵院実雅の菩提のために寺僧たちが六臂如意輪観音菩薩画像を新調。	墨書
享保14年	1729		金剛院の祐盛が宝篋印陀羅尼を修理。	奥書
享保15年	1730	1月 6日	この年から金堂十僧は講堂の講説役人を兼任する。	天保記
享保15年	1730	9月	良訓が礼堂の読師用の礼盤を新調。	墨書
享保16年	1731	2月10日	地蔵院が中門前へ四脚の石燈籠を寄進。	刻銘

和暦	西暦	月日	事項	出典
享保16年	1731	5月	堯懐が礼堂で行う蓮花会講説用の前机を新調。	墨書
享保16年	1731	9月22日	堯懐が一臈法印に補任。	年会日次記
享保17年	1732	2月	法隆寺村から聖霊院前へ変形神前型石燈籠を寄進。	刻銘
享保17年	1732	10月25日	並松地蔵堂を修理。	天保記
享保18年	1733	3月	千懐と覚定が一臈職用の緋衣法服袍を新調。	朱書
享保18年	1733	7月	覚定が大聖天供の円壇を新調。	墨書
享保18年	1733	8月 2日	絵殿貼付絵（聖徳太子絵伝）を修理。	墨書
享保18年	1733	12月	良訓が食堂の磬台を新調。	墨書
享保19年	1734	3月 5日~5月20日	法隆寺開帳を行う。	
享保19年	1734	4月	浪花の中村氏が西円堂前へ銅置燈籠を寄進。	刻銘
享保19年	1734	9月 1日	千懐が湛海筆の忍字懸額を作る。	墨書
享保19年	1734	9月 1日	藪田氏が弁財尊の額を法隆寺へ奉納。	
享保20年	1735	3月	良訓が明王院の仏具台を新調。	墨書
享保20年	1735	5月11日	律学院の天井廻りを修理。	墨書
享保20年	1735	10月11日	千懐が立田大明神画像を新調。	墨書
享保20年	1735		良訓と懐訓が食堂朝拝僧正使用の衲衣を新調。	墨書
享保21年	1736	2月13日	宗源寺地蔵堂の仏具入れを建てる。	天保記
享保21年	1736	3月27日	中門金剛力士像の足を修理。	一陽集・天保記

和暦	西暦	月日	事項	出典
享保21年	1736	3月中頃	北門に丹を塗る。	一陽集
享保21年	1736		良訓が『放光寺古今縁起資財牒書』を書写。	奥書
享保21年	1736		西元が大湯屋の額を記す。	古事便覧
元文年間	1736～41		蓮光院の地蔵堂を現在地に移す。	
元文元年	1736	5月	千懐が上宮王院の牛玉箱を新調。	墨書
元文元年	1736	9月15日	西元大禅師没。	
元文 2年	1737	12月28日	天満宮本社の屋根を修理。	棟札
元文 2年	1737		福成院の専勝が天満宮へ調進膳8脚、机1脚を施入。	墨書
元文 3年	1738	1月28日	多田院智空の遺物として不動尊並びに五獅子如意掛物を法隆寺へ寄進。	天保記
元文 3年	1738	2月 5日	千懐が勧進して三経院の銅花瓶を作る。	刻銘
元文 3年	1738		良訓が『古今一陽集』を記しはじめる。	奥書
元文 4年	1739	12月15日	律学院へ竹坊与四兵衛が描いた釈尊涅槃画像が寄進される。	墨書
元文 5年	1740	11月	良訓が大経蔵金銅如来像の六角厨子を修理。	墨書
元文 5年	1740	冬	良訓が東院相殿の前机を新調。	墨書
元文 5年	1740		新堂を修理。	修理方諸払明細帳
元文 5年	1740		五重塔の内陣須弥壇、露盤、伏鉢を修理。	勘定帳

和暦	西暦	月日	事項	出典
元文 5年	1740		東室、聖霊院を修理。	修理方諸払明細帳
寛保元年	1741	8月18日	一臈法印の堯懐が隠居。	年会日次記
寛保元年	1741	8月	良訓が一臈法印に補任。	法隆寺文書
寛保 2年	1742	6月	千懐が一臈法印に補任。	法隆寺文書
寛保 3年	1743	2月晦日	円成院の千手観音像を再興。	天保記
寛保 3年	1743	10月20日	伝法堂の十一面観音像を阿弥陀院へ貸す。	天保記
延享元年	1744	3月17日	円成院観音堂の再建供養を行う。	天保記
延享 2年	1745	2月 8日	千懐が大威徳明王画像の額を作る。	墨書
延享 2年	1745	8月	千懐が絵殿の銅香炉を新調。	刻銘
延享 2年	1745	9月19日	覚定が記録櫃を新調。	墨書
延享 2年	1745	12月	成福寺境内松馬場の石標を建立。	刻銘
延享 2年	1745	12月	千懐が勧進して立田嘉助が伝法堂へ蠟燭立を寄進。	刻銘
延享 3年	1746	2月	『法隆寺末寺帳』を記す。	法隆寺文書
延享 3年	1746	8月16日	信秀が良訓の遺願を継いで『古今一陽集』を完成。	奥書
延享 3年	1746		このころの御朱印1000石の配分は学侶方670石（伽藍修理料も含む)、堂方330石。	
延享 4年	1747	2月	金剛院の勝純が阿弥陀三尊画像を修理。	墨書
寛延元年	1748	10月 7日～	弥勒院東側の土塀を造りはじめる。	南貝型墨書

和暦	西暦	月日	事項	出典
寛延元年	1748	12月	尊慧の沙汰によって大火舎香炉を造る。	刻銘
寛延元年	1748		弥勒院懐賢の画像が描かれる。	墨書
寛延 2年	1749	2月 6日	唐招提寺より舎利3粒並びに舎利塔を法隆寺護摩堂へ寄進。	舎利塔墨書
寛延 2年	1749	5月24日～29日	勧学院上土門と南大門の壁を修理。	修理方惣払明細帳
寛延 2年	1749		宗源寺四脚門の修理願いを年会所へ出す。	天保記
寛延 3年	1750	1月	東院の西廻廊を修理。	墨書
寛延 3年	1750	6月	五重塔の伏鉢と露盤を修理。	木札墨書
寛延 3年	1750	7月	光賢が土塔の覆塔を修理して法隆寺に寄進。	墨書
寛延 3年	1750	8月	光賢が沙汰して法隆寺古印箱を作る（献納宝物）。	墨書
宝暦年間	1751～64		池上立福禅寺の堂を善住院に移す。	古事便覧
宝暦元年	1751	11月 5日	訓覚の遺物として如意輪観音画像を法隆寺へ寄進。	墨書
宝暦 2年	1752	2月 5日	覚雅が三蔵会竪義を遂業。	天保記
宝暦 2年	1752		新堂、五重塔、聖霊院を修理。	修理方惣払明細帳
宝暦 5年	1755	3月	長谷川高知が小野道風画像を模写。	墨書
宝暦 5年	1755	8月	信秀が一﨟法印に補任。	法隆寺文書
宝暦 6年	1756	1月	京都室町の出羽宗味が西円堂前へ置燈籠を寄進。	刻銘
宝暦 6年	1756	2月	大坂四天王寺で法隆寺出開帳を行う。	年会日次記

和暦	西暦	月日	事項	出典
宝暦 6年	1756	10月	慶雲が一臈法印に補任。	法隆寺文書
宝暦 7年	1757	2月18日	蔵王堂の弁財天像を修理。	天保記
宝暦 8年	1758	2月	宗源寺庫裏を修理。	天保記
宝暦 8年	1758	2月	阿弥陀院内の東照宮を修理。	天保記
宝暦 8年	1758	11月	西村豊後守政重が蓬莱鏡を作る（献納宝物）。	刻銘
宝暦10年	1760	11月	成福寺表門を修理。	天保記
宝暦10年	1760	11月 2日	北室院の叡弁が大和聖林寺の智遠に従って、真言密教の多流をことごとく伝授され大阿闍梨位に進む。	北室院文書
宝暦12年	1762	5月	青幢律寺の秘密箱を作る。	墨書
宝暦12年	1762	6月27日	天満宮の屋根を葺き替える。	棟札
宝暦13年	1763	2月	千懐が法隆寺へ寄進した聖徳太子唐形の御影を千範が修理する。	墨書
宝暦13年	1763	11月	植村十郎兵衛が阿弥陀如来坐像を法隆寺へ寄進。	墨書
宝暦14年	1764	4月 4日	護摩堂と聖天堂が焼失。	天保記
明和 2年	1765	2月 1日	長谷川高能の勧進によって、護摩堂の再建がはじまる。	天保記
明和 2年	1765	7月10日	護摩堂の不動明王像の台座と光背及び弘法大師坐像の牀座を再興。	墨書
明和 2年	1765		護摩堂の不動尊画像を修理。	墨書
明和 3年	1766	11月	目安村の浄元が絵殿へ詠歌の木額を寄進。	墨書
明和 3年	1766	11月15日	知足院と宝蔵院の持仏堂の建立を年会所へ願い出る。	天保記

和暦	西暦	月日	事項	出典
明和 4年	1767	9月	千範らが護摩堂へ舎利塔の厨子を寄進。	墨書
明和 5年	1768	3月 3日 ~5月13日	護摩堂と聖天堂の再建のために開帳を行う。	年会日次記
明和 5年	1768	5月下旬	寛継が律学院の地蔵尊の台座を新調。	墨書
明和 5年	1768		千範の沙汰で三経院講師用の袈裟を新調。	墨書
明和 5年	1768		千範の沙汰で金堂修正会用の衲袈裟を新調。	墨書
明和 6年	1769	1月 7日	寛専が『常楽寺神明帳』を書写。	奥書
明和 6年	1769	3月 3日	この日から護摩堂再建の地を築く。	天保記
明和 6年	1769	3月17日~	聖霊院鏡池の泥上げを行う。	天保記
明和 6年	1769	12月16日	夜半に花園院、普門院焼失。	天保記
明和 7年	1770	9月	法起寺の妙適が五重塔内へ『法華経』を寄進。	墨書
明和 8年	1771	4月12日	昭宝院の屋敷が弥勒院の支配となる。	天保記
明和 9年	1772	4月 8日	興留村の福井甚右衛門が西円堂前へ角型石燈籠を寄進。	刻銘
明和 9年	1772	5月25日	法起寺の湛道律師が北室院へ転院。	天保記
明和 9年	1772	8月17日	善住院と蓮光院の普請を年会所へ願い出る。	天保記
安永元年	1772	11月19日	実賢が発願して善住院庫裡を修理。	棟札
安永 2年	1773	7月	新堂の屋根を葺き替える。	瓦銘
安永 3年	1774	3月10日	西円堂の金燈籠が盗まれる。	天保記

和暦	西暦	月日	事項	出典
安永 3年	1774	4月 8日	実賢が西円堂前へ釣燈籠を寄進。	刻銘
安永 3年	1774	4月25日	石燈籠7基を堂司実賢が法隆寺境内へ寄進。	天保記
安永 4年	1775	11月20日	護摩堂上棟。	棟札
安永 5年	1776	2月27日	宗源寺内に藤門周斎の碑を建立。	刻銘
安永 5年	1776	3月 5日～19日	護摩堂再建供養会を執行。	天保記
安永 5年	1776		このころ千範が聖天堂の再興を発願。	
安永 6年	1777	2月	宗源寺修理のために7日間説法を行う。	天保記
安永 6年	1777	8月	千範が七祖画像を修理。	墨書
安永 6年	1777		このころ宗源寺の可円が浄土律一派を起こすという。	過去帳
安永 7年	1778	9月 6日	惣社の屋根修理のために遷宮。	天保記
安永 7年	1778	11月	聖天堂を上棟。	棟札
安永 8年	1779	4月	木林氏が西円堂前に釣燈籠を寄進。	刻銘
安永 8年	1779	10月	五重塔の屋根を修理。	瓦銘
安永 8年	1779	11月 8日	北室院の本堂を修理。	棟札
安永 9年	1780	9月21日	無量寿院の千範が聖天堂へ十一面観音画像を寄進。	墨書
安永 9年	1780	10月14日	西円堂に盗人が入る。	天保記
天明元年	1781	5月	七絃琴を模造。	朱漆銘
天明 3年	1783	9月	北室院太子殿を修理。	棟札

和暦	西暦	月日	事項	出典
天明 3年	1783	12月	千範が発願して絵殿の下陣を修理。	木札
天明 4年	1784	5月	千範が赤童子画像を修理。	墨書
天明 4年	1784	7月	弥勒院伝来の法隆寺絵図が公物となる（この図は徳川初期に描かれたものであり、法隆寺に残る最古の境内図）。	墨書
天明 4年	1784		画工の吉村周圭が絵殿障子絵の模写に着手。	
天明 4年	1784		東室、妻室、聖霊院を修理。	修理方勘定帳
天明 5年	1785	春	聖皇曼荼羅を修理。	銘
天明 5年	1785	11月	慶雲が訓英の画像を修理。	墨書
天明 5年	1785	11月20日	慶雲が覚勝の画像を修理。	墨書
天明 5年	1785	冬	千範が如意輪観音画像を修理。	墨書
天明 5年	1785		千範が四天王紋錦を修理。	墨書
天明 6年	1786	1月21日	阿弥陀院を修理。	天保記
天明 6年	1786	5月	東院鐘楼の腰板を彩色し白土を塗り替える。	墨書
天明 6年	1786	春	千範が弥勒菩薩画像を修理。	墨書
天明 7年	1787		絵殿の聖徳太子絵伝の模写が出来上がる。もとの絵を二曲屏風とする。	墨書
天明 7年	1787		このころ聖霊院脇陣襖絵が描かれる。	墨書
天明 7年	1787		叡弁が北室院の住持に就任。	北室院文書
天明 8年	1788	1月19日	絵殿の供養を行う。	天保記
天明 8年	1788	6月24日	八十吉が石造地蔵菩薩像を造立。	刻銘

和暦	西暦	月日	事項	出典
寛政元年	1789	4月	東渓寿秀が文字蒔絵印籠を作る(献納宝物)。	銘
寛政 2年	1790	1月 7日	西円堂の金燈籠が盗まれる。	天保記
寛政 2年	1790	4月21日	並松の辻堂を修理。	天保記
寛政 2年	1790	12月	金剛院の勝純と高盛が聖徳太子宝前に銅花瓶を寄進。	刻銘
寛政 2年	1790		『僧尼山伏御改牒』が記される。	奥書
寛政 4年	1792	2月22日	今中政勝が聖霊院前へ神前型石燈籠を寄進。	刻銘
寛政 5年	1793	1月	胤懐が一臈法印に補任。	法隆寺文書
寛政 5年	1793	3月	西円堂を修理。	腰板墨書
寛政 5年	1793	3月17日	金銅阿弥陀仏像を中院より法隆寺へ寄進。	天保記
寛政 6年	1794	9月	法隆寺の青甲袈裟を新調。	墨書
寛政 7年	1795	2月25日	京都の法林寺で法隆寺出開帳を行う。聖霊院本尊の聖徳太子坐像などの宝物が法隆寺を出発。	年会日次記
寛政 7年	1795	5月	観心寺蔵の『法隆寺伽藍縁起幷流記資財帳』が書写される。	奥書
寛政 7年	1795	5月13日	法隆寺出開帳の宝物が法隆寺に帰着。	年会日次記
寛政 7年	1795	11月 2日	普門院の再建を年会所へ願い出る。	天保記
寛政 8年	1796	3月23日	天満宮の屋根を葺き替える。	天保記
寛政 9年	1797	5月21日	五重塔の露盤と伏鉢を修理。	刻銘
寛政 9年	1797	7月	法隆寺の荷太鼓を新調。	墨書
寛政 9年	1797	9月 1日	全ての堂方が学侶に昇進することとなり、その規定を作る。	法隆寺文書

和暦	西暦	月日	事項	出典
寛政 9年	1797		法隆寺境内絵図を作成。	墨書銘
寛政10年	1798	1月18日	西円堂の鬼役を岡本村の住人に、その後見役を算主仲間が行うことになる。	沙汰衆日記
寛政10年	1798	3月	北室院の金鼓を新調。	刻銘
寛政10年	1798	12月	聖徳太子十六歳孝養画像を修理。	墨書
寛政11年	1799	5月21日	五重塔の露盤と伏鉢の修理が終わる。	露盤銘
寛政12年	1800	1月22日	昶雅が一臈法印に補任。	法隆寺文書
寛政12年	1800	2月	竹坊与次兵衛が聖皇曼荼羅を模写。	墨書
寛政12年	1800	3月	太子講中が聖徳太子宝前に銅置燈籠を寄進。	刻銘
寛政12年	1800	3月 3日~閏4月3日	法隆寺開帳を行う。	
寛政12年	1800	4月	五位堂から西円堂へ銅香炉を寄進。	刻銘
寛政12年	1800	6月	肥前の松浦浜広が西円堂へ腰刀を寄進。	銘
寛政12年	1800		浪花の信田言明が西円堂へ絵馬を奉納。	墨書
寛政12年	1800		浪花の信田言明が西円堂前へ春日型燈籠を寄進。	刻銘
寛政13年	1801	1月26日	成福寺門前に石柱を建てる。	天保記
享和元年	1801	8月	円範が一臈法印に補任。	法隆寺文書
享和元年	1801	12月	松立院の支配権を和喜院より阿弥陀院へ移す。	年会日次記
享和 2年	1802	4月	法隆寺開帳を行う。	天保記

和暦	西暦	月日	事項	出典
享和 2年	1802	5月22日	懐儀が一臈法印に補任。	法隆寺文書
享和 2年	1802	10月	比丘旭仙が宗源寺可円の画像を描く。	墨書
享和 2年	1802	10月23日	南都に大地震発生。南都では家も倒れる。法隆寺では被害が少なかった。	年会日次記・天保記
享和 3年	1803	3月12日	佐近兵衛が西円堂前に角型石燈籠を寄進。	刻銘
文化元年	1804	8月 3日	朝定と覚賢が西円堂前に水盤と水舎を造る。	銘
文化 2年	1805	3月	西円堂を修理。	腰板墨書
文化 2年	1805	3月10日	聖霊院前へ変形春日型石燈籠が寄進される。	刻銘
文化 2年	1805	11月 1日	冥府社を遷宮。	天保記
文化 3年	1806	3月13日	一源が成福寺住職に就任。	天保記・年会日次記
文化 3年	1806	3月21日	叡弁が清水寺で倶舎論を講釈する。	天保記・年会日次記
文化 3年	1806	3月29日	天満宮の馬場道を造る。	天保記
文化 3年	1806	10月	朝定の遺物として唯識曼荼羅を法隆寺へ寄進。	箱墨書
文化 3年	1806	12月 5日	伽藍の案内人を7名と定める。	天保記
文化 4年	1807	6月27日	聖霊院で『大般若経』を転読。	天保記
文化 4年	1807	8月	隆昭が黒漆箱を新調。	朱書
文化 4年	1807	8月 7日	蓮池院の建物が大風で倒れる。	天保記
文化 4年	1807		五重塔の須弥山を修理。	銘
文化 5年	1808	12月	このころ文殊院を改築。	明細帳

和暦	西暦	月日	事項	出典
文化 5年	1808		西円堂薬師護摩を護摩堂で執行。	天保記
文化 6年	1809	3月	八木の中尾某が北室院へ幡を寄進。	墨書
文化 6年	1809	5月 3日	隆昭の遺物として十六羅漢画像を法隆寺へ寄進。	墨書
文化 6年	1809	8月	南都の中屋清六が天満宮へ変形春日型石燈籠を寄進。	刻銘
文化 6年	1809	11月25日	湛肇が一臈法印に補任。	法隆寺文書
文化 7年	1810	3月22日	胤周が一臈法印に補任。	法隆寺文書
文化 7年	1810	6月 4日	湛肇の遺物として、春日曼荼羅を法隆寺へ寄進。	墨書
文化 7年	1810	8月	万人講から夢殿へ釣燈籠を寄進。	刻銘
文化 7年	1810	8月	万人講から伝法堂へ釣燈籠を寄進。	刻銘
文化 8年	1811	3月10日	宗源寺の仏具が盗まれる。	天保記
文化 8年	1811	5月	夢殿北面扉の鉄枢を作る。	刻銘
文化 8年	1811	8月 3日	西円堂背面扉の鉄枢を作る。	刻銘
文化 9年	1812	3月	舎利殿の過去帳箱を修理。	墨書
文化 9年	1812	3月	大坂の竜淵寺の精誉が宝物用の長持を法隆寺へ寄進。	墨書
文化 9年	1812	3月 3日	法隆寺開帳を行う。	天保記
文化 9年	1812	4月27日	北室院本堂の屋根を葺き替える。	墨書
文化10年	1813	5月	覚賢が一臈法印に補任。	法隆寺文書
文化10年	1813	6月 8日	肥後掾橘国祐が亥嶋弁財天社神主に就任。	法隆寺文書

和暦	西暦	月日	事項	出典
文化10年	1813	7月 9日	叡弁が北室院で法相宗八祖大師画像の供養を行う。	天保記・年会日次記
文化10年	1813	7月16日	叡弁が発願した北室院客殿再建のために、法隆寺から松の木を寄進。	年会日次記
文化10年	1813	11月	酒部時一が西円堂へ腰刀を寄進。	墨書
文化11年	1814	1月30日	善住院の覚賢大僧都が宝珠院へ移る。	天保記
文化11年	1814	2月14日	一源が北室院客殿修理の起工法要を執行するために『大般若経』600巻並びに十六善神画像を法隆寺より借用する。	天保記・年会日次記
文化11年	1814	10月 4日	叡弁が興福寺で講談を行う。	天保記・年会日次記
文化12年	1815	4月30日	政南院護摩堂を宝珠院へ移しはじめる。	天保記
文化12年	1815	7月	印実法印の画像を修理。	箱墨書
文化13年	1816	2月29日	政南院本堂の宝珠院への移設が終わる。	額墨書
文化13年	1816	6月 5日	叡弁が北室院客殿上棟の内祝を行い、諸人が群参する。	天保記・年会日次記
文化13年	1816	8月	大坂の三浦三良衛が西円堂へ腰刀を寄進。	墨書
文化13年	1816	8月 9日	叡弁の五十年結夏を法隆寺で祝う。	天保記・年会日次記
文化13年	1816	10月19日	叡弁が福生院弘盛の菩提のために新調した青面金剛画像の開眼供養導師をつとめる。	箱墨書

和暦	西暦	月日	事項	出典
文化14年	1817	8月	西円堂前へ八角型四脚石燈籠が寄進される。	刻銘
文政元年	1818	8月	叡弁が北室院唐門の修復を行う。	棟札
文政 2年	1819	3月 3日	北室院で庭儀曼荼羅供法要を執行するため、法隆寺から諸道具を借用する。	天保記・年会日次記
文政 2年	1819	4月13日	北室院で庭儀曼荼羅供法要を執行。	年会日次記
文政 2年	1819	4月14日~15日	北室院で伝法灌頂を行う。	年会日次記
文政 2年	1819	4月16日~17日	北室院で受明灌頂を行う。	年会日次記
文政 2年	1819	閏4月17日	後藤主水が法隆寺の仏師職に就任。	法隆寺文書
文政 2年	1819	4月18日~19日	北室院で結縁灌頂を行う。	年会日次記
文政 2年	1819	11月	叡弁が北室院太子殿の額を作る。	太子殿墨書
文政 3年	1820	2月22日	聖霊会を執行。	天保記
文政 3年	1820	11月12日	西円堂参籠所を上棟。	天保記
文政 3年	1820	12月 5日	西円堂へ絵馬が寄進される。	墨書
文政 4年	1821	2月22日	聖霊会を執行。	
文政 4年	1821	2月28日~3月27日	法隆寺開帳を行う。	天保記
文政 4年	1821	7月18日	永信が一﨟法印に補任。	法隆寺文書
文政 4年	1821		綱封蔵を開封。	天保記
文政 5年	1822	閏1月21日	弥勒院の千学が支配している妙音院地蔵堂を法隆寺へ寄進。	天保記

和暦	西暦	月日	事項	出典
文政 5年	1822	5月	堯長が一臈法印に補任。	法隆寺文書
文政 5年	1822	5月	西円堂へ竹虎の軸が寄進される。	墨書
文政 5年	1822	5月 8日	叡弁が寒山拾得図の画讃を書く。	画讃
文政 5年	1822	6月	叡弁が千範大僧都遺像の画讃を書く。	画讃
文政 5年	1822	6月29日	叡弁が千懐権僧正像の画讃を書く。	画讃
文政 5年	1822	8月	妙音院地蔵堂を修理。	壁の墨書
文政 5年	1822	8月15日	叡弁が伊勢一身田で講釈を行う。	天保記・年会日次記
文政 5年	1822		叡弁が慶雲権僧正遺像の画讃を書く。	墨書
文政 6年	1823	2月 8日	薬師講の依頼によって叡弁が西室で説法を行う。	年会日次記
文政 6年	1823	3月21日	天満宮本社の檜皮を葺き替える。	棟札
文政 7年	1824	4月	村田五兵衛が西円堂へ釣燈籠を寄進。	刻銘
文政 7年	1824	6月12日	奥之院の阿弥陀堂を北室院へ引き移す。	天保記
文政 7年	1824	9月	住吉郡の人びとが西円堂へ大銅香炉の木造台を寄進。	刻銘
文政 7年	1824	9月	三宝院の境内を中宮寺へ貸す。	法隆寺文書
文政 7年	1824	10月15日	叡弁が慈恩大師画像の画讃を書く。	墨書

和暦	西暦	月日	事項	出典
文政 8年	1825	1月	大坂の山城屋の信者たちが北室院へ両界曼荼羅（長谷川等叔画）を寄進。	墨書
文政 8年	1825	2月 5日	中宮寺が表門を北室院の門前に建立することを法隆寺へ願い出る。	法隆寺文書
文政 8年	1825	4月 9日~14日	北室院で階上曼荼羅供法要を執行。	天保記・年会日次記
文政 8年	1825	6月	西円堂へ絵馬が寄進される。	刻銘
文政 8年	1825	7月	千学が仏器箱を新調。	墨書
文政 8年	1825	8月	清水定運が叡弁和上坐像を造立。	裏墨書
文政 8年	1825	9月	西円堂前へ釣燈籠（小林利兵衛作）が寄進される。	刻銘
文政 8年	1825	9月 1日	叡弁が北室院護摩堂の上棟式を行うことを法隆寺へ届け出る。	天保記・年会日次記
文政 8年	1825	9月 5日	叡弁が北室院護摩堂上棟式を行い、『大般若経』の転読を執行する。	年会日次記
文政 8年	1825	10月26日	北室院の門前で相撲興行を行うことを法隆寺へ願い出る。	天保記・年会日次記
文政 8年	1825	12月	西円堂の拝所を再建。	棟札
文政 8年	1825	12月	叡弁が西円堂拝所再建の棟札を記す。	棟札
文政 8年	1825		浪花の中井半兵衛が西円堂へ絵馬を奉納。	墨書
文政 9年	1826	11月	播州住吉郡の信者が西円堂前へ神前型石燈籠一対を寄進。	刻銘

和暦	西暦	月日	事項	出典
文政10年	1827	1月15日	玉虫厨子内の観音脇侍像2体を紛失。	天保記
文政10年	1827	3月13日	叡弁が中宮寺より北室院へ寄進の種子曼荼羅の開眼を行う。	軸裏墨書
文政10年	1827	6月12日	頼算が宝珠院で伝文講義を行う。	天保記
文政10年	1827	8月	叡弁が円範遺像の画讃を書く。	墨書
文政10年	1827	8月	天満宮の御輿（鎌田常衛門作）を新調。	墨書
文政10年	1827	9月18日	三経院の檜皮を葺き替える。	棟札
文政10年	1827		叡弁が玄奘三蔵帰唐之像の画讃を書く。	軸裏墨書
文政11年	1828	7月	隆範が地蔵菩薩立像を修理。	刻銘
文政11年	1828	秋	聖霊院の法華経箱を作る。	墨書
文政11年	1828	12月	法隆寺組の木挽仲間が聖霊院前へ神前型石燈籠一対を寄進。	刻銘
文政11年	1828		東蔵院の行賛が釈迦画像を法隆寺へ寄進。	年会日次記
文政12年	1829	1月25日	叡弁の88歳を祝って『大般若経』転読を行うために、法隆寺へ『大般若経』などの借用を願い出る。	年会日次記
文政12年	1829	1月27日	叡弁の88歳を祝って、聖霊院へ餅二重を供える届を法隆寺へ提出。	年会日次記
文政12年	1829	6月	阿弥陀院修理の勧進を行う。	勧進寄進帳
文政12年	1829	6月13日	修南院の弁天像を紛失。	天保記
文政12年	1829	8月21日	勧学院再建を計画する。	天保記
文政12年	1829		十一面観音画像を修理。	墨書

和暦	西暦	月日	事項	出典
文政12年	1829		難波の石谷氏が西円堂水舎の水よけ石を寄進。	刻銘
文政13年	1830	2月	宗源寺本尊の阿弥陀像及び聖徳太子像を修理。	光背竿刻銘
文政13年	1830	7月 2日	京都で地震発生。	
文政13年	1830	11月18日	一源が北室院の住持に就任することを法隆寺へ届ける。	年会日次記
文政13年	1830	11月19日	一源が北室院の住持に就任する。	年会日次記
天保 2年	1831	9月	上田定吉が西円堂へ腰刀を寄進。	銘
天保 2年	1831	10月	隆範が中門前へ石燈籠を寄進。	刻銘
天保 2年	1831		専正が修正会通夜枕や枕箱を作る。	墨書
天保 3年	1832	4月	弘弁が書写した『地蔵講式』を興善院の秀賛が修理。	奥書
天保 3年	1832	4月	興善院の秀賛が『往生講式』を書写。	奥書
天保 3年	1832	4月8日	賢聖院より法隆寺へ『理趣経』10巻を寄進。	奥書
天保 4年	1833	6月	王寺村の石屋清兵衛が西円堂へ石造の香炉を寄進。	刻銘
天保 4年	1833	7月28日	弘盛の遺物として青面金剛画像を法隆寺へ寄進。	墨書
天保 4年	1833		五重塔の屋根を葺き替える。	落書
天保 4年	1833		薬師講の信者が西円堂の東石壇を造る。	刻銘
天保 5年	1834	秋	中院の千晃が不動尊を新造し、坊舎を修理。	墨書

和暦	西暦	月日	事項	出典
天保 5年	1834	12月	煙草屋伊右エ門が西円堂へ釣燈籠を寄進。	刻銘
天保 6年	1835	1月26日	西園院の台所上棟。	年会日次記
天保 6年	1835	1月28日	金堂内陣の土壇を築き直す。	年会日次記
天保 6年	1835	2月 9日	舎利殿の古画12幅を屏風に改める。	年会日次記
天保 6年	1835	5月	花山竜池を修理。	棟札
天保 6年	1835	10月25日	一源が北室院客坊の建立を発願する。	棟札
天保 6年	1835	12月	地蔵院の台所を修理。	年会日次記
天保 6年	1835		東室の什物の真言八祖大師画像を修理。	箱墨書
天保 6年	1835		『寺要日記』の箱を作る。	箱墨書
天保 7年	1836	1月 8日	快盛が西円堂の香水壺を作る。	刻銘
天保 7年	1836	2月	『和州法隆寺霊宝目録』を作成。	
天保 7年	1836	2月25日～5月5日	法隆寺開帳を行う。	年会日次記
天保 7年	1836	3月	河内の信者たちが西円堂の燈明屏障を寄進。	刻銘
天保 7年	1836		覚賢が『斑鳩古事便覧』を撰述。	
天保 7年	1836		大坂、道頓堀の信者たちが西円堂に水舎と銅の竜吐水を造る。	刻銘
天保 7年	1836		聖僧机を新調。	墨書
天保 8年	1837	2月19日	観音院表門を修理。	棟札
天保 8年	1837		千学が聖霊院の供物箱を新調。	墨書
天保 9年	1838	2月	北室院の『大般若経』転読用の経台を新調。	墨書
天保 9年	1838	4月	旭隆が宗源寺の額を修理する。	墨書

和暦	西暦	月日	事項	出典
天保 9年	1838	12月	郡山の柳沢氏が西円堂へ釣燈籠を寄進。	刻銘
天保10年	1839	1月	聖天堂の供所が大聖歓喜天御圃箱を新調。	墨書
天保10年	1839	2月 7日	秀賛が興善院の地蔵堂を修理。	棟札
天保10年	1839	5月	聖霊院の小屋組を改造。	墨書
天保10年	1839	7月	善住院の覚賢が天台智者大師画像を法隆寺へ寄進。	墨書
天保10年	1839	夏	堺の宅太兵衛が北室院の経蔵へ『般若理趣分』を寄進。	墨書
天保10年	1839	11月22日	秀賛が一臈法印に補任。	法隆寺文書
天保10年	1839		実相院の懐厳が『舎利殿駄都法』を書写。	奥書
天保11年	1840	1月	千学が弥勒院のバクの図を修理。	墨書
天保11年	1840	2月	鎮守五所大明神を修理。	祈願札
天保11年	1840	4月	薬師講の信者が西円堂の磐架を新調。	刻銘
天保11年	1840		河内の信者が西円堂へ数珠箱を寄進。	墨書
天保11年	1840		鎮守五所明神を修理。	墨書
天保12年	1841	7月	一源が紅玻璃阿弥陀如来像の表具を行う。	軸裏墨書
天保12年	1841	9月	北室院の天目台箱を新調。	墨書
天保12年	1841	11月	下寺又兵エたちが三経院前へ神前型石燈籠を寄進。	刻銘
天保13年	1842	1月	本願寺門主の広如が伝親鸞作の聖徳太子像の厨子を法隆寺へ寄進。	朱漆書

和暦	西暦	月日	事項	出典
天保13年	1842	4月	称名寺の門徒たちが葵紋入り長持皮覆を法隆寺へ寄進。	墨書
天保13年	1842	4月18日	江戸回向院での出開帳を行うために宝物が法隆寺を出発。	天保出開帳日記
天保13年	1842	5月	法隆寺が『御宝物図絵』を作る。	
天保13年	1842	5月29日	法隆寺の宝物が江戸へ到着。	天保出開帳日記
天保13年	1842	6月11日	江戸回向院で法隆寺出開帳を行う。	天保出開帳日記
天保13年	1842	7月	江戸の信徒たちが銅製置燈籠を法隆寺へ寄進。	朱銘
天保13年	1842	7月24日	出開帳が不調で、堂塔の修理の資金が集まらないために、出開帳の日延べを寺社奉行所に願い出る。	天保出開帳日記
天保13年	1842	8月	江戸築地御坊の世話人たちが五具足を法隆寺へ寄進。	刻銘
天保13年	1842	8月	江戸の信濃屋又右衛門が置燈籠の台を法隆寺へ寄進。	刻銘
天保13年	1842	8月	綿打中が聖霊院に神前型石燈籠を寄進。	刻銘
天保13年	1842	9月14日	法隆寺の宝物が江戸を出発。	天保出開帳日記
天保13年	1842	10月	並松町世話人が神前型石燈籠一対を聖霊院前に寄進。	刻銘
天保13年	1842	12月	宝物が法隆寺に帰着。	天保出開帳日記
天保14年	1843	2月	郡山矢田口の小山氏が釣燈籠を寄進。	刻銘

和暦	西暦	月日	事項	出典
天保14年	1843		金堂の鏡餅の輪を新調。	刻銘
天保15年	1844	2月	安部村から聖霊院へ釣燈籠を寄進。	刻銘
天保15年	1844	3月	堯尊が地蔵院の曉懐画像を修理。	墨書
天保15年	1844	3月 8日	西円堂の修理がはじまる。	棟札
天保15年	1844	4月	山形の吉野屋吉兵衛が聖霊院へ仏具を寄進。	刻銘
弘化 2年	1845	2月22日	聖霊院の聖徳太子摂政像の模造を造立。	胎内墨書
弘化 2年	1845	2月22日	一源が聖徳太子摂政像の開眼供養導師をつとめる。	胎内墨書
弘化 2年	1845	3月	行秀が春日大明神童形像を造立。	厨子内墨書
弘化 2年	1845	3月 3日	大坂四天王寺で出開帳を行うために宝物が法隆寺を出発。	年会日次記
弘化 2年	1845	5月13日	大坂四天王寺から法隆寺の宝物が帰着。	年会日次記
弘化 2年	1845	6月 1日	行秀が護摩堂仏餉箱を新調。	墨書
弘化 2年	1845	10月	郡山藩家臣の江馬時三郎が西円堂へ絵馬を寄進。	墨書
弘化 2年	1845	10月12日	西円堂を修理。	棟札
弘化 2年	1845	12月	夏講表白経釈を修理。	墨書
弘化 2年	1845		一源が北室院の経蔵を新造して『黄檗版一切経』を納めることを発願する。	法隆寺文書
弘化 3年	1846	2月	実然が一臈法印に補任。	法隆寺文書
弘化 3年	1846	7月	北室院の光明曼荼羅を修理。	墨書

和暦	西暦	月日	事項	出典
弘化 3年	1846	12月	越木塚村の塚伝右衛門が西円堂前へ釣燈籠を寄進。	刻銘
弘化 3年	1846		北室院の経蔵へ『黄檗版一切経』を納めるために尽力する。	法隆寺文書
弘化 4年	1847	3月	北室院へ四摂幡4流が寄進される。	箱墨書
弘化 4年	1847	3月	北室院へ象炉が寄進される。	象炉銘
弘化 4年	1847	5月	小倉藩西田直養が寛政7年書写の『法隆寺伽藍縁起幷流記資財帳』を法隆寺へ寄進。	資財帳奥書
弘化 4年	1847	6月	千学の遺物として天神画像を法隆寺へ寄進。	墨書
弘化 4年	1847	7月	法隆寺が徳川家康束帯画像を修理。	墨書
弘化 4年	1847	12月	中宮寺より北室院へ五獅子之如意（大仏師定運）一握を寄進。	箱墨書
嘉永元年	1848	2月	本町の井筒屋庄右エ門が夢殿前へ釣燈籠を寄進。	刻銘
嘉永元年	1848	3月	北室院一切経蔵万人講証券の版木を作る。	刻銘
嘉永元年	1848	7月	北室院の一源が僧形八幡大菩薩画像を修理し開眼供養を行う。	墨書
嘉永元年	1848	7月	一源が不動明王像の開眼供養を行う。	墨書
嘉永元年	1848	12月	瓦工の弥兵衛が玉虫厨子の鴟尾を模して薬師坊の鴟尾を作る。	刻銘
嘉永 2年	1849	晩春	仏師の清水定運が十二神将の台座を新調。	墨書

和暦	西暦	月日	事項	出典
嘉永 2年	1849	6月15日	天満宮本社の檜皮屋根を葺き替える。	棟札
嘉永 2年	1849	8月20日	天満宮の額を新調。	墨書
嘉永 2年	1849	11月	北室院経蔵建立につき、石材などの援助を法隆寺へ要請。	法隆寺文書
嘉永 2年	1849		功徳夏講の袈裟を新調。	墨書
嘉永 3年	1850	3月	佐伯因幡が聖霊院前へ変形春日型石燈籠を寄進。	刻銘
嘉永 3年	1850	5月18日	羅漢供の御膳櫃を新調。	墨書
嘉永 3年	1850	8月 6日	弘法大師画像を法隆寺の公物とする。	墨書
嘉永 3年	1850	8月 8日	行秀が護摩堂修法の六器台を新調。	墨書
嘉永 3年	1850	12月14日	中院の千晃が文政年間（1818～30）に盗まれた不動尊の造立を発願。京師仏工浄雲によって造立、北室院の一源がその開眼供養を行う。	墨書
嘉永 4年	1851	1月28日	南大門松の馬場に小松を植える。	年会日次記
嘉永 4年	1851	3月22日	北室院へ打敷が寄進される。	裏墨書
嘉永 4年	1851	5月	地蔵院伝来の聖徳太子水鏡御影を修理して、堂衆の報恩講の料とする。	墨書
嘉永 4年	1851	6月28日	大坂長堀の小堀屋が舎利殿の聖徳太子像厨子の戸帳を新調。	墨書
嘉永 4年	1851	8月	感応院の覚田が北室院へ草座を寄進。	墨書

和暦	西暦	月日	事項	出典
嘉永 5年	1852	3月15日	中宮寺の成淳宮が北室院へ宝冠などを寄進。	墨書
嘉永 5年	1852	6月	一源が北室院の十六羅漢図を修理。	箱墨書
嘉永 5年	1852	6月	護摩堂修正会用の十二天尊画像3幅対を修理。	墨書
嘉永 5年	1852	秋	徹定が法隆寺壁画を祐参に模写させる。	徹定詩文集
嘉永 5年	1852	12月	北室院へ宝剣一握が寄進される。	墨書
嘉永 6年	1853	2月	高知の土橋屋鹿平が西円堂へ腰刀を寄進。	銘
嘉永 7年	1854	2月中旬	定朝が『妙見講作法』を書写する。	奥書
嘉永 7年	1854	6月13日	法隆寺の周辺で地震発生。6月13日から7月30日まで余震が続いた。	素木箱墨書 銘
嘉永 7年	1854	8月17日	千純が寄進した聖天堂の十一面観音画像を修理して、開眼供養を行う。	墨書
嘉永 7年	1854	11月 4日	法隆寺周辺で大地震発生。	年会日次記
嘉永 7年	1854	11月 5日	申刻に法隆寺周辺で大地震発生。	年会日次記
嘉永 7年	1854		夏と冬の地震で五重塔内北面の涅槃像が破損。	法隆寺文書
安政元年	1854	12月29日	宗源寺末寺の宝積寺が焼失。31年間留守居をしていた智真尼が焼死。	宗源寺過去帳
安政 2年	1855	2月	山形の吉野屋吉兵衛らが南無仏舎利の打敷を舎利殿へ寄進。	墨書

和暦	西暦	月日	事項	出典
安政 2年	1855	12月13日	三経院の大床を修理。	棟札
安政 2年	1855		このころ文殊院地と福生院地の入れ替えを行う。	法隆寺文書
安政 3年	1856	1月	泉州の木綿屋喜兵衛らが北室院一切経蔵の木額を作る。	墨書銘
安政 3年	1856	5月	堯長が地蔵院の上土門を修理。	棟札
安政 4年	1857	3月	紀州の坂田善七が西円堂へ腰刀を寄進。	銘
安政 4年	1857	3月22日	吉野屋吉兵衛と木綿屋嘉兵衛が舎利殿の法具を修理。	刻銘
安政 4年	1857	6月15日	妙海が西円堂内の供物台一対を新調。	墨書
安政 4年	1857	8月	平野の杵屋太兵エが西円堂へ釣燈籠を寄進。	刻銘
安政 6年	1859	1月	大坂の大和屋林助が北室院一切経蔵へ鰐口を寄進。	刻銘
安政 6年	1859	12月	栗原土佐が中門前へ変形春日型石燈籠を寄進。	刻銘
安政 7年	1860	1月	夢殿用の経箱を新調。	墨書
安政 7年	1860		このころ学栄が宝光院を再興。	法隆寺文書
万延元年	1860	4月	千純が御舎利袋の箱を新調。	墨書
万延元年	1860	10月	大坂の井筒屋弥助が西円堂へ柄鏡を寄進。	刻銘
万延元年	1860		定朝が『鵤三宝起源』を著す。	奥書
文久元年	1861	2月	祈禱の牘答箱を新調。	墨書
文久元年	1861	2月	三宝院の小島荒神画像を修理。	墨書
文久元年	1861	2月 6日	黒田昂菴が西円堂へ絵馬を寄進。	墨書

和暦	西暦	月日	事項	出典
文久元年	1861	3月20日	千晃が一臈法印に補任。	
文久元年	1861	5月	興留村の吉祥菴宗意が西円堂前へ六角石燈籠を寄進。	刻銘
文久元年	1861	5月	西円堂へ氏宗の短刀が寄進される。	墨書
文久元年	1861	8月	このころ夢殿前へ神前型石燈籠が寄進される。	刻銘
文久元年	1861	9月	妙海が西円堂修二会の木枕を新調。	墨書
文久元年	1861	9月 8日	大方楠之介が西円堂へ花籠を施入。	墨書
文久 2年	1862	7月	このころ五重塔の塑像を瓦師の安井弥平（出雲）が修理。	法隆寺文書
文久 2年	1862	11月	興留村の吉祥菴宗意が西円堂へ障子を寄進。	墨書
文久 2年	1862		西円堂の格子戸を新造。	墨書
文久 3年	1863	8月	天誅組の変が起こる。	
文久 3年	1863	8月30日	妙海が普門院の表門を修理。	棟札
文久 3年	1863		このころ一源の坐像と厨子を遺弟たちが造る。	裏墨書
文久 4年	1864	1月22日	頼賢が一臈法印に補任。	法隆寺文書
文久 4年	1864	1月22日	三輪社御影（望月玉泉写）を新調。	墨書
元治元年	1864	2月22日	聖霊会を執行。	法隆寺文書
元治元年	1864	6月	仕丁仲間が中門前へ石燈籠を寄進。	刻銘
元治元年	1864	9月	妙海が『峯薬師大御影』（長谷川等真画）の版画を新調。	墨書
元治元年	1864		このころ五重塔の塑像を修理。	勘定帳

和暦	西暦	月日	事項	出典
元治元年	1864		このころ勧学院の上土門の屋根を葺き替える。	勘定帳
元治元年	1864		このころ北室院の土塀を築く。	勘定帳
元治元年	1864		このころ聖霊院を修理。	勘定帳
慶応元年	1865	5月	土佐の米屋鹿蔵が西円堂へ儀刀2振を寄進。	銘
慶応 2年	1866	1月16日	吉祥菴の明屋尼が鬼追の腰掛4脚を法隆寺に施入。	墨書
慶応 2年	1866	2月	禁裏崩御焼香用の皆衲袈裟を新調。	墨書
慶応 2年	1866	2月29日	西円堂で孝明天皇の病気平癒の祈願を行う。	法隆寺文書
慶応 2年	1866	3月 3日	実相院の妙栄が紺紙金泥如意輪観音像を修理して、開眼供養を行う。	墨書
慶応 2年	1866	4月	大坂の他力中が西円堂へ銅供水壺を寄進。	刻銘
慶応 2年	1866		このころ阿弥陀院権現御宮社頭を改造。石鳥居を新造。	勘定帳
慶応 3年	1867	1月	実乗と広盛が西円堂鬼追式用の内陣幕を奉納。	墨書
慶応 3年	1867	2月	禁裏崩御焼香用の皆衲袈裟を新調。	墨書
慶応 3年	1867	3月	泉屋五郎兵衛が西円堂へ石燈籠を寄進。	刻銘
慶応 4年	1868	3月28日	神仏判然令が出される。これによって廃仏毀釈運動が起こる。	

和暦	西暦	月日	事項	出典
明治元年	1868	11月22日	定朝が時局に即応した新しい寺法を作るため建白書を法隆寺一山に提出。	
明治 2年	1869	7月	管廟破却事件が起こる。寺僧によって法隆寺境内の天満宮などが破壊される。	
明治 2年	1869	7月	東院五所明神を天満宮へ移し、その跡へ地蔵院から臥牛形の大石を引き移して碑を建てる。	
明治 2年	1869	9月18日	定朝が再び法隆寺寺法改正の口上書を年会五師所へ提出。	
明治 2年	1869	10月21日	中院の定朝が「寺門改革論目之事」を年会五師所へ提出。	
明治 2年	1869	10月21日〜26日	地蔵院で寺門改正の大集会を開催。自院の俸禄及び任官を公稟に奉還し、堂方、承仕の諸階級を全廃。それに伴う寺法の大改正により、懐厳は西園院、学栄は弥勒院、行意は法花院、行純は中道院、智純は福園院、秀解は実相院の住職に昇進。同時に下記の諸役が設けられ、寺僧たちが就任した。法務代に頼賢、権寺司に定朝、勧進主に懐厳、庁判に頼宣、出納方長に学栄、実乗、修理方長に行意、沙汰衆長に行純、奠供師長に智純、奠供師副に秀解。	
明治 2年	1869	10月27日	西円堂御供所を御法事勧進方繕所と定める。懐厳が御供所へ移る。	

和暦	西暦	月日	事項	出典
明治 2年	1869	11月 2日	定朝が「法隆寺改正口上書」を奈良県政府へ提出。	
明治 2年	1869	11月13日	福城院の行意が法華院住職、金剛院の行純が中道院住職、遍照院の智純が福園院住職に就任。ところが3箇院ともに庫裏が大破していたために、行意は普門院、行純は実相院、智純は遍照院に居住。	
明治 3年	1870	1月	このころ徒弟を教育するために定朝が千純を帰山させる。	
明治 3年	1870	1月24日	定朝が寺門伝奏柳原正二位に対して聖徳太子一千二百五十年御忌の執行につき、旧例によって禁裏御所へ「御供奉願之口上書」を提出することを依頼する。	
明治 3年	1870	2月	西円堂の念仏講の人びとが勧進して大壇と脇机を新調。	
明治 3年	1870	9月	『寺院院屋敷反別坪割帳』を作成。	
明治 3年	1870	11月	堂方や承仕を学侶に昇進させたことにともなって勝鬘会竪義(これは形式的なものであって勝鬘会の復興ではない)を執行(竪義者四員)。定朝が探題と精義者をつとめる。	
明治 3年	1870	11月	境内末寺北室院の住職に弘学が補任。	
明治 4年	1871	1月	政府が寺院に対し境内地の上知を命じる。	

和暦	西暦	月日	事項	出典
明治 4年	1871	2月21日～27日	聖徳太子一千二百五十年御忌法要を執行。(明治3年説もある)	
明治 4年	1871	2月28日	法隆寺霊宝の開帳を行う。(21日間)	
明治 4年	1871	5月	古器物保存令が出される。	
明治 4年	1871	6月	門跡、院家、院堂の称を廃止。	
明治 5年	1872	4月24日	「寺禄除地反別書上控下帳」を奈良県政府へ提出。	
明治 5年	1872	8月26日	このころ西円堂に奉納刀剣6782本、鏡6065面あったと明治5年の調書に記録している。	
明治 5年	1872	8月26日	町田文部大丞、内田正雄、蜷川式胤の官員が法隆寺へ出張して政府による宝物調査を行った。	
明治 5年	1872	9月	僧侶が苗字を付けることとなり、法隆寺の僧もそれぞれ苗字を届け出る。	
明治 5年	1872	10月	太政官布告第274号により法相宗、華厳宗、律宗などの寺院は浄土真宗、浄土宗、真言宗、天台宗などの大宗派へ併合することを命じられる。	
明治 5年	1872	10月	武田猷海と江馬隆晃が退寺。	
明治 5年	1872	10月 8日	持宝院、喜多院が大破したので取り畳まれる。	
明治 5年	1872	10月28日	法隆寺より一宗の総本山として独立したいとする願書を奈良県政府へ提出したが却下。	
明治 5年	1872	11月	千早定朝が法務代に補任。	

和暦	西暦	月日	事項	出典
明治 5年	1872	11月	役所からの通達により無檀無禄の寺院が廃止となる。	
明治 5年	1872		この年から15年間にわたって地蔵院を小学校の校舎として貸し出す。	
明治 5年	1872		このころ宝積寺は廃寺となる。陵山は官有地、その他の境内地は民有地となった。	
明治 6年	1873	6月 2日	中島懐厳が眼病のため松尾寺へ隠居。このころ佐伯学栄が西園院、久保松妙海が明王院、藪内行意が福生院、秦行純が普門院、千早定円が阿弥陀院の住職に就任。	
明治 6年	1873	7月	森智純が賢聖院の住職に就任。	
明治 6年	1873	8月 2日	法隆寺より真言宗への所轄を真言宗管長へ依頼する。	
明治 6年	1873	9月	千早定朝をはじめとする寺僧たちが真言宗管長から教導職「試補」を拝命。	
明治 6年	1873	11月	千早定朝が相国寺大教正の荻野独園より奈良県下諸宗講究所副議事を申し付けられる。	
明治 6年	1873	11月	千早定朝が金剛峯寺大教正の降魔研暢より奈良県管下真言宗幹理を申し付けられる。	
明治 6年	1873	12月	千早定朝が真言宗の役員に就任。	
明治 6年	1873		このころ境内末寺の宗源寺の楓実賢と北室院の松田弘学が法隆寺の学侶に交衆する。	

和暦	西暦	月日	事項	出典
明治 6年	1873		このころ戸長役場や奈良県政府内に法隆寺東西の大垣を取り壊そうという意見が起こる。	
明治 6年	1873		修南院と金剛院が大破したので取り畳む。	
明治 6年	1873		法隆寺の三経院に各宗派合同の講究所を設置。	
明治 7年	1874	2月	宝山湛海作の不動明王坐像を綱封蔵から西円堂へ奉移。	
明治 7年	1874	3月27日	老朽のため取り畳んだ北之院、持宝院、修南院の古材を売却。	
明治 7年	1874	4月 8日	聖徳太子会式（10日間）を執行。	
明治 7年	1874	4月29日	千早定朝が真言宗管長から教導職「少講義」を拝命。	
明治 7年	1874	5月 5日	老朽のため取り畳んだ中道院、法華院、西南院、安養院、円城院小堂の5箇所の古材を売却。	
明治 7年	1874	8月 3日	円城院が廃寺となる。	
明治 7年	1874	10月 8日	西円堂の西側で相撲の興行を行う。	
明治 7年	1874	11月	太政官布告第330号により各寺院の知行は廃止。これにより法隆寺の寺禄1000石も廃止となり、改めて政府から1000石の2分5厘に当たる250石の稟米が下賜される。明治16年までの10年間はその半分の125石が下賜される。	

和暦	西暦	月日	事項	出典
明治 7年	1874		このころ千早定朝が逓減禄に関連して寺内の護持方法を寺僧たちと協議する。奈良県政府に対して「坊舎取畳御願」を提出。	
明治 7年	1874		法隆寺の境内及び山林地の多くが上地となる。	
明治 8年	1875	1月28日	西円堂の奉納刀6本が盗まれる。	
明治 8年	1875	2月 9日	千早定円が真言宗管長から教導職「試補」を拝命。	
明治 8年	1875	3月17日～19日	聖徳太子会式（3日間）を執行。	
明治 8年	1875	4月8日～5月17日	法隆寺霊宝の開帳を行う。	
明治 8年	1875	5月 2日	秦行純と楓実賢が真言宗管長から教導職「権訓導」を拝命。	
明治 8年	1875	7月	一山の集会を開いて法隆寺寺門の改正の二十五箇条を制定。諸経費の倹約と寺内の一致団結を図るために寺僧たち（佐伯学栄・秦行純・楓実賢・藪内行意・春堂隆乗・春堂信海・千早定円・千早定憲・秦秀解・森智純・佐伯寛応）が西円堂御供所で合居生活を行う。	
明治 8年	1875	8月30日	伽藍諸堂の宝物を検査して『伽藍諸堂舎本尊仏像幷堂附資財等目録』を作成。	
明治 8年	1875	10月18日	法隆寺僧の立合のもとに明治6年3月から明治8年11月までの3箇年の収支決算を検査。	

和暦	西暦	月日	事項	出典
明治 8年	1875	11月	教部省から信教の自由保護の通達あり。	
明治 8年	1875	11月 3日	一山の集会で知行の分配を協議。	
明治 8年	1875		奈良博覧会会社主催の奈良博覧会が東大寺大仏殿とその廻廊で開かれ、法隆寺、正倉院などの古社寺の宝物が出陳された。	
明治 9年	1876	1月	金堂吉祥会などの行事を省略化して執行。	
明治 9年	1876	5月	『法隆寺什器宝物取調上申目録』を作成。	
明治 9年	1876	5月 1日～2日	西円堂薬師如来会式を執行。	
明治 9年	1876	6月9日	千早定朝が法隆寺住職に就任。	
明治 9年	1876	7月	奈良博覧会会社へ玉虫厨子、橘夫人厨子など多数の宝物を貸し出す。	
明治 9年	1876	7月25日	佐伯学次郎が学栄の法嗣として入寺。秦行純の徒弟となる。	
明治 9年	1876	8月10日	千早定朝が真言宗管長権中教正の佐々木義範から堺県宗内取締を申し付けられる。	
明治 9年	1876	9月11日	法隆寺の「非常改革願」を堺県へ提出。	
明治 9年	1876	9月19日	千早定朝が堺県から法隆寺住職兼中院住職を申し付けられる。	
明治 9年	1876	9月30日	春堂信海が真言宗管長から教導職「試補」を拝命。	

和暦	西暦	月日	事項	出典
明治 9年	1876	11月	「古器物献備御願」を堺県へ提出。	
明治 9年	1876		「元境内山林守護願」を堺県へ提出。	
明治10年	1877	1月	教部省が廃止され、社寺の事務は内務省社寺局に属することとなる。	
明治10年	1877	2月～9月	西南の役。	
明治10年	1877	2月22日	西円堂より鉄砲1挺が盗まれる(翌日返還)。	
明治10年	1877	3月10日	内務省御用掛準奏任従六位の岡谷繁実など5名の官員が法隆寺の宝物調査のために来訪。	
明治10年	1877	3月15日	西円堂鬼追式の内陣幕が奉納される。	
明治10年	1877	4月 5日～7日	聖徳太子会式（3日間）を執行。	
明治10年	1877	5月 7日	堺県官員が普門院裏の塔跡を試掘する。	
明治10年	1877	5月28日	夏談を開筵する。	
明治10年	1877	7月18日	西円堂で『大般若経』転読を執行（毎月8日、22日に執行することとなる)。	
明治10年	1877	8月14日	アラビア王が法隆寺を来訪。	
明治10年	1877	9月24日	千早定朝が堺県から官林監守を申し付けられる。	
明治10年	1877	10月10日	この日から7昼夜の期間に疫病流行に対する除病安穏の祈禱を行う。	

和暦	西暦	月日	事項	出典
明治10年	1877	10月11日	大風で中院と弥勒院、阿弥陀院の建物が大破。	
明治10年	1877	10月12日	加持守護札を皇室へ献納。	
明治10年	1877	11月	皇室へ献納を願い出た宝物のうち、衲袈裟・御手印・和漢朗詠集・当寺古印・七曜剣・仏名経・御沓・毘沙門古面・嘉元記・別当記・古今目録抄・寺要日記・香筥・陶師筥を献備目録より除外されるよう堺県へ願い出る。	
明治10年	1877	11月	阿弥陀院、中院、北室院の庫裏を応急的に修理。	
明治10年	1877	11月19日	老朽化した弥勒院の庫裏を取り畳んで院名を聖天堂御供所へ移す。	
明治10年	1877	12月22日	会式法要を執行。	
明治10年	1877		このころ若草の礎石を北畠治房邸へ移す？	
明治11年	1878	1月22日	千早定朝が真言宗管長から教導職「中講義」を拝命。	
明治11年	1878	2月11日	献納宝物の裁可が下る。その恩賜金として1万円が下賜された。先年願い出た献納宝物の一部返却伺は却下。	
明治11年	1878	3月	献納宝物を正倉院に仮納。	
明治11年	1878	3月	聖霊会舞台を修理して瓦葺の屋根を設けることを計画する。	
明治11年	1878	3月25日～27日	10分の1の規模で聖徳太子会式（3日間）を執行。	

和暦	西暦	月日	事項	出典
明治11年	1878	5月	法隆寺より三経宗として独立する旨を内務省へ出願。	
明治11年	1878	5月16日	法隆寺は仁和寺、大覚寺、広隆寺、神護寺、西大寺、唐招提寺、薬師寺とともに真言宗より独立して真言宗西部と称して管長職を置く。	
明治11年	1878	5月16日	中院の土塀と石垣を修理。	
明治11年	1878	8月23日	彼岸会中日に聖霊院鏡池で放生会を執行。	
明治11年	1878	9月	賢聖院の杉皮葺の建物を西円堂御供所へ移す営繕願を堺県へ提出。	
明治11年	1878	11月	聖霊院御供所の修理願を堺県へ提出。	
明治11年	1878		千早定朝が西大寺、唐招提寺、薬師寺などの住職と協議して真言宗からの離脱を図る。	
明治12年	1879	4月	法隆寺勧学院を開設するために妻室を一部改築。	
明治12年	1879	4月12日	聖徳太子会式を執行。東院から西院へ10分の1の規模で渡御し、翌日還御。	
明治12年	1879	4月22日	松並木へ男松の苗100本植付の伺書を役所へ提出。	
明治12年	1879	5月	百萬塔100基を2つのガラス張の新筥に各50基ずつ入れて、金堂北正面に安置。	

和暦	西暦	月日	事項	出典
明治12年	1879	6月 7日	法隆寺が真言宗の真言宗新義派、真言宗西部の再統一に対して「合併陳断書」を提出。	
明治12年	1879	8月	千早定朝が小法螺12具の箱を新調する。	
明治12年	1879	9月	『法隆寺経蔵文庫沿革之考証』を作成。	
明治12年	1879	10月	善住院庫裡が破損したので修理する。	
明治12年	1879	10月27日	「法相宗独立之儀」を内務省へ提出。	
明治12年	1879		三経院が真宗大谷派（東本願寺）の説教場となる。	
明治12年	1879		千早定朝が寺僧たちに呼びかけて子院伝来の什物を綱封蔵へ寄進させ『法隆寺総目録』に編入。	
明治12年	1879		廃寺となった修南院の行事を決める。	
明治12年	1879		春日赤童子像と竜田老翁化現立像（安井弥平作）を造立。	
明治12年	1879		上御堂屋根の「葺替願」を役所へ提出（修理見積148円50銭）。	
明治13年	1880	2月13日	「法相宗独立願書幷相承伝暦一斑」を堺県を経由して、内務省へ提出。	
明治13年	1880	3月11日	内務省社寺局の通達により「本山塔中幷諸末寺数量表」を社寺局長宛てに提出。	
明治13年	1880	4月19日	金堂の屋根にある勾欄の金物が盗まれる。	

和暦	西暦	月日	事項	出典
明治13年	1880	6月	上御堂の屋根の葺き替えが完成。	
明治13年	1880	9月 9日	東京大学教師フェノロサ、岡倉天心が法隆寺の古画類調査を行う旨が奈良郡役所より通達される。	
明治13年	1880		西円堂舞台を新設。	
明治14年	1881	1月 8日	金堂から金銅観音像が盗まれる。	
明治14年	1881	2月	三経院の真宗東派説教場を修理。	
明治14年	1881	3月	律学院を融通念仏宗の説教場として貸し出す。	
明治14年	1881	3月21日~23日	聖徳太子会式を執行。	
明治14年	1881	4月13日	上地の「総社地跡冥府芝地復旧願」を役所へ提出。許可を受けて再興。	
明治14年	1881	5月25日	イギリスの王孫が法隆寺を来訪。	
明治14年	1881	8月	薬師坊での合居生活が満期となったので、寺僧は各自坊へ移る。千早定朝は中院へ帰院。	
明治14年	1881	8月29日	再興した興福寺の住職に清水寺住職の園部忍慶が就任。	
明治14年	1881	9月13日	大風で食堂の屋根に松の大木が倒れる。	
明治14年	1881	10月16日~18日	西円堂舞台の新築落成供養を執行。	

和暦	西暦	月日	事項	出典
明治14年	1881	10月25日	金堂から金銅観音立像や百萬塔などが盗まれる。	
明治14年	1881	11月 3日	東西の大門の間で競馬が行われる。	
明治14年	1881	12月 1日	千早定朝が法相宗独立を内務省社寺局へ直訴するため、松田宗栄と千早定円をともない上京。	
明治14年	1881		寺門維持のため「当分仮方法規則」を定める。	
明治15年	1882	2月27日	食堂の修理届を役所へ提出。	
明治15年	1882	3月 9日	「寺内風損木幷枯木入札御払下ケ代金御下願」を役所へ提出。	
明治15年	1882	3月30日	法相宗へ分離独立することの同意を真言宗から得て定約書を交わす。	
明治15年	1882	4月	興福寺と法隆寺が連名で内務省へ「法相宗独立願書」を提出。法隆寺と興福寺が定約書を交わす。	
明治15年	1882	4月 8日	明治13年に提出した「法相宗独立願書幷相承伝暦一斑」の下げ戻しを内務卿へ願い出る。	
明治15年	1882	4月 9日 ～11日	聖徳太子会式を執行。	
明治15年	1882	4月14日	法隆寺から興福会へ100円を寄附することを決定。明治24年まで毎年10円ずつを10年間にわたって寄附する。	
明治15年	1882	6月26日	興福寺と法隆寺の法相宗への独立が内務卿から許可される。	

和暦	西暦	月日	事項	出典
明治15年	1882	7月25日	千早定朝が法相宗管長に就任。	
明治15年	1882	7月25日	法相宗大教院を法隆寺内184番地に設置。	
明治15年	1882	11月	興福寺と法隆寺が連名で「本宗教導職薦挙法則御聞置願」を内務省社寺局へ提出。	
明治15年	1882	11月	「勝鬘会執行に付御聞置願」を役所へ提出。	
明治15年	1882	11月 7日	千早定朝が興福会会長の九条道孝から興福会の地方委員を委託される。	
明治15年	1882	12月	法隆寺南大門前に伽藍保護の制札を出す。	
明治15年	1882	12月14日	千早定朝が教導職「権少教正」に就任。	
明治16年	1883	2月21日	東面大垣5間が破損。	
明治16年	1883	3月 2日	奈良博覧会会社へ玉虫厨子ほか18点を貸し出す。	
明治16年	1883	3月27日	明治14年10月25日に盗まれた金銅観音立像を発見。	
明治16年	1883	6月 6日	政府から古建築の保存資金として2000円が下付される。	
明治16年	1883	7月	奈良博覧会会社の依頼で森川杜園が玉虫厨子の鴟尾を模造する。	
明治17年	1884	2月	北室院前住職の松田宗栄が勧進して聖徳太子勝鬘経講讃像を造立。	
明治17年	1884	5月 2日	弥勒院住職の千早定憲が退寺。	

和暦	西暦	月日	事項	出典
明治17年	1884	6月	佐伯定胤が真言宗の釈玄猷と園部忍慶の紹介で泉涌寺の佐伯旭雅に法相学を学ぶ。	
明治17年	1884	7月16日	大雨のため悔過池と天満池が決壊して、子院の築地などに被害が出る。	
明治17年	1884	7月25日~8月 4日	西院鐘楼の屋根の葺き替えを行う。このころ大雨の被害箇所の改修工事を行う。	
明治17年	1884	8月 5日～15日	中門の屋根の葺き替え工事を行う。	
明治17年	1884	8月16日～20日	諸堂並びに古書画調査のためにアメリカ人フェノロサ、ビゲロー、岡倉天心が法隆寺を来訪した。ビゲローの寄附金で伝巨勢金岡筆の花鳥図と四騎獅子狩紋錦の修理を行う。	
明治17年	1884	9月19日~10月9日	聖天堂と護摩堂の屋根の葺き替えを行う。	
明治17年	1884	12月	聖徳報恩講を設立して信者の拡充を図る。	
明治17年	1884	12月16日	「西円堂常店建替願」を大阪府知事へ提出。	
明治17年	1884	12月19日	伝巨勢金岡筆花鳥図と四騎獅子狩紋錦の修理が終わる。	
明治17年	1884		「聖霊院前茶店建替願」を役所へ提出。	
明治18年	1885	1月	献納宝物の「模造御下附願」を大阪府知事へ提出。3月5日に却下。	

和暦	西暦	月日	事項	出典
明治18年	1885	2月24日	法隆寺の開扉に際して、真宗東本願寺が萌黄地金襴水引一張を寄進。	
明治18年	1885	3月 7日	清水寺が醍醐寺の所轄から興福寺の所轄となる。	
明治18年	1885	4月 1日	綱封蔵開扉のときに塵介中から推古鈴36と飾金物大小12枚などを発見。	
明治18年	1885	4月10日	法隆寺ではこの日から大開帳を行う（5週間）。	
明治18年	1885	5月16日～30日	法隆寺の大開帳を延長。	
明治18年	1885	6月	『法隆寺寺門改正録』を作成して7月1日から施行。	
明治18年	1885	9月	彼岸会を執行。	
明治18年	1885	11月15日	「法相宗宗制」及び「寺法認可願」を内務省社寺局長へ提出。	
明治18年	1885	12月17日	綱封蔵、金堂、西円堂へ盗人が入り、仏画などが盗まれる。	
明治19年	1886	2月 1日	法相宗宗制が内務省社寺局から認可される。	
明治19年	1886	3月27日	講堂で釈迦八相図3幅（古澗筆）の修理完成供養を行う（50日間）。	
明治19年	1886	5月23日	薬師寺が法相宗への「転宗許可願」を法相宗管長宛てに提出。	
明治19年	1886	6月23日	薬師寺が真言宗から法相宗へ転宗。	
明治19年	1886	7月	東大寺が浄土宗から華厳宗として独立。	

和暦	西暦	月日	事項	出典
明治19年	1886	7月15日	法隆寺住職の千早定朝が大僧正に補任。	
明治19年	1886	8月 1日	興福寺住職の園部忍慶が僧正に補任。	
明治19年	1886	8月16日	薬師寺住職の西谷勝遍が権大僧都に補任。	
明治19年	1886	8月21日	宗僧に少僧都以下の僧階を法相宗管長が授与。	
明治19年	1886	9月12日	亥之嶋弁財天社を修復。新堂に仮安置していた弁財天像を遷座。	
明治19年	1886	9月27日	楓実賢が西円堂の梵鐘及び鐘楼建立を発願。	
明治19年	1886	10月21日	宮内省修史局編修の星野恒、同掌記の佐々木浚が来訪して古文書調査を行う。	
明治20年	1887	1月21日	楓実賢が大涅槃像の修理に尽力した功績により寺務所より金千疋を贈る。	
明治20年	1887	2月10日	フランスのメニウ・ド・メニール男爵が法隆寺を来訪。	
明治20年	1887	3月 1日	興福寺住職の園部忍慶が大僧正に補任。	
明治20年	1887	3月 1日	法隆寺から佐伯定胤に対して修学勉励の賞として金一封を下付。	

和暦	西暦	月日	事項	出典
明治20年	1887	3月16日	この日より50日間、講堂で『一切経』転読会を行い、家運長久並びに変死、水害、疫病の死者の追福法要を執行。同時に法隆寺宝物と信徒所蔵品の展覧会を行う。	
明治20年	1887	4月30日	楓実賢が発願して西円堂奉納の鏡を鋳し梵鐘を造る。	
明治20年	1887	5月31日	千早定朝が郡山警察署竜田分署新築費として21円を寄附。	
明治20年	1887	7月	興福寺住職の園部忍慶が法相宗管長に就任。	
明治20年	1887	7月 4日	東京大学教授のドイツ人ドクトル・エミルハウスネヒトが法隆寺を来訪。	
明治20年	1887	7月30日	宮内省顧問のドイツ人フォンモールが法隆寺を来訪。	
明治20年	1887		このころ金堂の伏蔵を掘ったという噂が立つ。法隆寺再建非再建論争が起こる。	
明治21年	1888	3月17日	伽藍案内人に鑑札を下付。	
明治21年	1888	4月 3日	この日より45日間、講堂で『一切経』転読会と宝物展覧会を行う。	
明治21年	1888	4月11日	内大臣の三条実美が法隆寺を来訪。	
明治21年	1888	4月12日~13日	興福寺還仏会に興福寺、法隆寺、東大寺、薬師寺の4箇寺の僧が出仕。	

和暦	西暦	月日	事項	出典
明治21年	1888	5月28日	アメリカ・ボストンのゼームズ・コットンマンが法隆寺を来訪。	
明治21年	1888	6月	『図書頭社寺局長美学校長出張御検閲ニ付諸堂仏像番号図絵宝物古画古写経古文書別記』を作成。	
明治21年	1888	6月 8日	図書頭の九鬼隆一、社寺局長の丸岡完爾、専門学務局長の浜尾新、美術学校幹事教授の岡倉天心、フェノロサら20余名が宝物調査のため法隆寺を来訪。	
明治21年	1888	6月19日	文学博士の川田剛、随行の小杉榲邨が古文書調査のために法隆寺を来訪。	
明治21年	1888	6月21日	東京大学総長の渡辺洪基が法隆寺を来訪。	
明治21年	1888	6月23日	外務大臣の大隈重信らが法隆寺を来訪。	
明治21年	1888	7月 4日	烏丸光享伯爵の案内でアメリカ人ジョージ・クウリジが法隆寺を来訪。	
明治21年	1888	7月29日	枢密院顧問官員の品川某及び姉小路伯爵らが法隆寺を来訪。	
明治21年	1888	8月25日	千早定朝の指示により寺僧たちが法隆寺の宝物を流失させないことを誓った誓約書を提出。	
明治21年	1888	11月	法隆寺保存会を設立。	
明治21年	1888	11月23日	宮内大臣の土方久元が法隆寺を来訪。	

和暦	西暦	月日	事項	出典
明治21年	1888	11月	夢殿秘仏救世観音像を写真師の小川一真がはじめて撮影する。	
明治21年	1888	12月 1日	夜、金堂へ盗人が入り、玉虫厨子内の准胝観音木像、水神、銅火舎香炉、香水壺、什器などが盗まれる（そのほとんどは明治23年4月に古物商より買い戻している）。	
明治22年	1889	2月22日	小学校へ貸出中の地蔵院が返却される。	
明治22年	1889	3月16日	法隆寺山内での売薬の販売を禁止。	
明治22年	1889	3月16日	枢密院議員の伊藤博文が法隆寺を来訪。	
明治22年	1889	3月22日	東京美術学校教員の結城正明、高村光雲が法隆寺を来訪。	
明治22年	1889	3月23日	徳川義礼侯爵が法隆寺を来訪。	
明治22年	1889	3月24日	夕刻、西廻廊内の出店から出火。幸い大事に至らず。	
明治22年	1889	3月27日	「法隆寺伽藍取締規則綱領」を作成。	
明治22年	1889	4月11日	この日より50日間、西円堂峯薬師胎内仏、善光寺如来、聖徳太子像を講堂で開帳。	
明治22年	1889	4月12日～13日	興福寺還仏1周年法要を行う。	
明治22年	1889	4月17日	仏光寺派法主が法隆寺を来訪。	
明治22年	1889	4月17日	アメリカ人のオルゴットが法隆寺を来訪。	

和暦	西暦	月日	事項	出典
明治22年	1889	4月29日	オーストリア親王が法隆寺を来訪。	
明治22年	1889	5月14日	楓実賢が勧進して西円堂鐘楼を建立。	
明治22年	1889	7月20日	大阪鉄道会社倉庫課出張事務取扱所として宝光院を貸与。	
明治22年	1889	8月16日	元老院議員の蜂須賀茂韶、植村正直が法隆寺を来訪。	
明治22年	1889	8月23日	元老院議員の西周、南条文雄が法隆寺を来訪。	
明治22年	1889	10月15日	佐伯寛応が金堂内壁画の模写を法隆寺へ願い出る。	
明治22年	1889	11月10日	佐伯寛応が「善産会開設願」を法隆寺へ提出。	
明治23年	1890	1月	東西両門番詰の定則を決定。	
明治23年	1890	2月22日	興福寺住職の園部忍慶没。	
明治23年	1890	3月	千早定朝の命によって佐伯定胤が「百法三性及五重唯識観講案」を執筆して法隆寺寺務局宛てに提出。	
明治23年	1890	3月21日	秦行純が勧進して聖霊院前に水舎を建立。	
明治23年	1890	3月23日	千早定朝が興福寺清水寺兼務住職・法相宗管長に就任。園部忍慶の徒弟・大西良慶、樋口貞俊が千早定朝を戒師として興福寺東室で得度。	
明治23年	1890	4月	法相宗の宗制を改正して薬師寺を本山の一つに昇格させることに改める。	

和暦	西暦	月日	事項	出典
明治23年	1890	4月	照憲皇后の行啓に際して、西園院衡門、西大門、東大門前の当番所を新築。	
明治23年	1890	4月	西園院台所通用門として中道院表門を移築。	
明治23年	1890	4月23日	照憲皇后が法隆寺へ行啓。西園院で休息。	
明治23年	1890	4月23日	照憲皇后が法隆寺へ保存費として金200円を下賜。	
明治23年	1890	5月11日	法隆寺保存会会式法要を執行。	
明治23年	1890	6月 8日	伊藤博文が法隆寺を来訪。	
明治23年	1890	6月13日	興福寺還仏記念第3回法要を執行。千早定朝が導師をつとめる。	
明治23年	1890	6月30日	千早定朝が清水寺住職を辞任。	
明治23年	1890	7月 1日	雲井良海が法相宗転宗式を行う。	
明治23年	1890	7月 1日	雲井良海が清水寺住職に就任。	
明治23年	1890	7月 7日	午後5時ごろ天満池が決壊。	
明治24年	1891	2月16日	千早定朝が法相宗管長と興福寺住職を辞任。	
明治24年	1891	2月16日	雲井良海が興福寺住職と法相宗管長に就任。	
明治24年	1891	4月 1日	千早定朝に対して興福会の九条道孝会長から興福寺住職兼務の謝意として10円が贈られる。	
明治24年	1891	5月10日	佐伯定胤が『法相宗綱要』を編纂した功績によって法隆寺より袈裟と法服などの贈呈を受ける。	

和暦	西暦	月日	事項	出典
明治24年	1891	9月22日	「法隆寺伽藍参観取扱規約」を作成。	
明治24年	1891	11月 9日	英照皇太后が法隆寺へ行啓。金200円を下賜。	
明治25年	1892	7月	薬師寺住職の西谷勝遍が法相宗管長に就任。	
明治25年	1892	8月	千早定朝が伽藍修理の見積書を奈良県庁へ提出。	
明治25年	1892	8月28日	夜半、地蔵堂に盗人が入り観音像が盗まれる。	
明治25年	1892	9月	千早定朝の古稀を記念して父母追善回向法要を執行。	
明治25年	1892	9月30日	中門前に駐在所を新築。	
明治25年	1892		伊東忠太が法隆寺金堂などの実測調査に着手。	
明治26年	1893	1月28日	興福寺勧学院開設。佐伯定胤が内典講師に、楓定賢（法隆寺僧）が歴史科教授に就任。法隆寺より東一坊定範と千早正朝が興福寺勧学院に入学。	
明治26年	1893	2月28日	奈良県庁より金堂、講堂、五重塔、東室の修理費の補助金2250円が下付される。	
明治26年	1893	5月28日	千早定朝が雲井良海に対して、佐伯定胤が法隆寺に帰山して勧学院の講師に就任するよう取り計らってほしいとの要請状を提出。	

和暦	西暦	月日	事項	出典
明治26年	1893	6月	佐伯定胤に対して法隆寺勧学院の学頭に就任するように千早定朝が要請する。	
明治26年	1893	6月13日	法隆寺勧学院の規則を作成。	
明治26年	1893	6月13日	法隆寺勧学院の設立を決議。	
明治26年	1893	7月 5日	法隆寺勧学院の開設に際して佐伯定胤を内典講師、麻生道戒を漢籍科教授、菅瀬芳英を歴史科教授、大西良慶を声明科教授、佐伯寛応を勧学院監督、秦行純を会計課長に任命。	
明治26年	1893	8月 1日	法隆寺勧学院を開設。千早定朝が院長に就任。佐伯定胤を法隆寺学頭・権僧正に推挙する。	
明治27年	1894	3月27日	千早定朝が天皇皇后結婚満二十五年御祝典に、墨5種を献納。	
明治27年	1894	5月	夢殿修理費の「補助金下付願」を政府へ提出。	
明治27年	1894	5月	佐伯寛応が清水寺住職代理に就任。	
明治27年	1894	5月 9日	法隆寺福生院内に漢学専門の正気書院（白藤学園の前身）を設立することを決議。	
明治27年	1894	5月19日	興福寺住職の雲井良海没。	
明治27年	1894	6月 7日	西大寺が真言宗から真言律宗に独立。	
明治27年	1894	6月10日	千早定朝が先師や法兄への贈位贈官報告式を行う。	
明治27年	1894	9月18日	福園院を法隆寺村役場に貸与することになり定約証を交換。	

和暦	西暦	月日	事項	出典
明治27年	1894	10月 5日	千早定朝が軍資金として15円を陸軍へ献納。	
明治27年	1894	12月27日	夢殿修理費の補助金2650円が法隆寺へ下付される。	
明治28年	1895	3月16日	千早定朝が広島大本営へ天機御伺のために訪れる。鶴水館に逗留。	
明治28年	1895	4月 1日	この日より100日間、平安奠都一千百年及び内国博覧会を記念して伽藍諸堂の特別開扉を行う。	
明治28年	1895	4月14日	千早定朝が再び興福寺と清水寺の兼務住職に就任。	
明治28年	1895	4月29日	帝国奈良博物館開館。	
明治28年	1895	5月17日	夢殿と綱封蔵の修理に着手。	
明治28年	1895	9月 4日	佐伯定胤が法相宗議会に対し「法相宗教育上意見書」を提出。	
明治29年	1896	3月	法相宗議会で法相宗勧学院の設立を議決し、法隆寺北室院を校舎にすることを決定。	
明治29年	1896	4月11日	千早定朝が興福寺所轄の清水寺塔中の成就院、宝性院、慈心院、泰産寺、来迎院、竹林院の6箇寺の兼務住職に就任。	
明治29年	1896	5月15日	法相宗勧学院で臨時小試験を執行。	
明治29年	1896	5月26日	椌木の布教所（法起寺の末寺）へ賢聖院の院名を移す。	
明治29年	1896	5月27日	大隈重信が法隆寺を来訪。	

和暦	西暦	月日	事項	出典
明治29年	1896	6月21日	実相院庫裏、庚申堂、行者堂、興善院地蔵堂の取り畳み願を奈良県へ提出。	
明治29年	1896	7月10日	実相院庫裏取り畳みを中止して修理。	
明治29年	1896	7月19日～20日	法相宗勧学院で大試業を執行。	
明治29年	1896	8月	久保如川が法相宗勧学院の普通科教授に着任。	
明治29年	1896	8月22日	佐伯定胤が法隆寺勧学院の院長に就任。	
明治29年	1896	9月10日	法隆寺勧学院を法相宗勧学院に改め、その開院式を行う。	
明治29年	1896	10月 5日	法相宗議会が慈恩会を再興することを議決。	
明治29年	1896	11月13日	慈恩会と竪義を再興。佐伯定胤が竪義を遂業。	
明治30年	1897	1月	佐伯定胤が法隆寺副住職に就任。	
明治30年	1897	2月22日	千早定朝が発願して法隆寺守護のために総社旧跡へ鎮壇を設ける。	
明治30年	1897	3月19日	千早定朝が奈良県より奈良公園改良諮詢会委員を嘱託される。	
明治30年	1897	6月10日	古社寺保存法が施行。法隆寺の建造物は「特別保護建造物」となり、保護を受ける。	
明治30年	1897	7月 7日	善住院を1年間、斑鳩尋常小学校に貸与。	

和暦	西暦	月日	事項	出典
明治30年	1897	11月25日	楓実賢が清水寺住職代理に就任。	
明治30年	1897	12月	松田弘学が勧進して、西円堂の大銅香炉を造る。	
明治30年	1897	12月31日	多年録事として功労のあった樋口正輔が辞職。	
明治31年	1898	2月 7日	金堂内壁画の修理費が下付される。	
明治31年	1898	2月17日	綱封蔵の修理が終わる。	
明治31年	1898	5月 1日	法相宗勧学院を宗源寺へ移す。	
明治31年	1898	5月 5日	法相宗勧学院が内務大臣から私立学校として許可される。	
明治31年	1898	6月13日	法相宗宗制改正発布式を行う。	
明治31年	1898	6月24日	佐伯定胤が探題僧正に補任。	
明治31年	1898	7月 7日	千早定朝が病気のために、佐伯定胤が寺務一切を引き継ぐ。	
明治31年	1898	9月 8日	四天王獅簴額など12点の古書画・古文書を修理。	
明治31年	1898	9月13日	蒸風呂を新築。	
明治31年	1898	10月17日	千早定朝の遺言として法隆寺の規則を作る。	
明治31年	1898	10月30日	皇太子が法隆寺へ行啓。金100円を下賜。	
明治31年	1898	11月24日	中院の八脚門を取り畳む。	
明治32年	1899	1月 1日	法隆寺諸規則の改正を行う。	
明治32年	1899	1月 4日	法隆寺で鏡開きをはじめて行う。	

和暦	西暦	月日	事項	出典
明治32年	1899	1月29日	法隆寺村役場へ郡吏が出張して、法隆寺村の名所旧跡を取り調べる。	
明治32年	1899	3月 7日	午前9時55分ごろ地震発生。	
明治32年	1899	3月15日	薬師寺住職の西谷勝遍没。	
明治32年	1899	3月17日	法相宗管長・法隆寺住職・興福寺清水寺兼務住職の千早定朝没。	
明治32年	1899	3月28日	秦行純が法隆寺住職に内定。	
明治32年	1899	4月16日	佐伯定胤が法相宗管長事務取扱に就任。	
明治32年	1899	4月21日	法隆寺の寺務管理に佐伯寛応が就任。	
明治32年	1899	5月 2日	内務省の前田健次郎が宝物調査のために法隆寺を来訪。	
明治32年	1899	6月24日	薬師寺より法隆寺住職の秦行純に兼務願を提出。	
明治32年	1899	6月25日	秦行純が法隆寺住職及び薬師寺兼務住職に就任。	
明治32年	1899	9月	秦行純が法相宗管長に就任。	
明治32年	1899	9月 5日	楓実賢が清水寺住職に就任。	
明治32年	1899	9月10日	パリ万国博覧会に出陳をするために観音像（百済観音）の縮像を彫刻家の飯島成蹊が造立したという。	
明治32年	1899	10月	法相宗宗立勧学院が政府より認可される。	
明治32年	1899	11月13日	講堂で授戒式が行われる。	

和暦	西暦	月日	事項	出典
明治32年	1899	11月22日	聖霊院が雨漏りするために、白綿で内陣御殿を覆って修理を行う。	
明治32年	1899	11月23日	佐伯定胤が西園院住職に就任。	
明治32年	1899	11月23日	秦行純が地蔵院・宝珠院・弥勒院・阿弥陀院・福園院の兼務住職に就任。	
明治32年	1899	12月 2日	大西良慶が法相宗宗立勧学院の試験を受けて高等科第1級課程修了の認定を受ける。	
明治33年	1900	1月	東院の勤番制度を改め寺務庁の直轄とする。本地供、駄都供は秦行純が兼務し、西円堂は松田弘学が勤番する。	
明治33年	1900	2月	奈良県技師の関野貞らが堂塔の宝物を調査。	
明治33年	1900	4月	パリ万国博覧会開催。	
明治33年	1900	4月30日	奈良県技師の塚本靖が聖霊院を調査。	
明治33年	1900	5月28日	皇太子と同妃が神武天皇陵に参詣。一山大衆が法隆寺駅で奉迎。	
明治33年	1900	6月12日	奈良県技師の関野貞、塚本靖、白石村治の3名が諸堂の宝物を調査。このとき白石は『元和年間太子殿勧進帳』1巻を法隆寺へ寄進。	
明治33年	1900	6月23日	奈良県技師の関野貞の案内で内務省の官員が法隆寺の宝物を調査。	

和暦	西暦	月日	事項	出典
明治33年	1900	6月25日	奈良県技師の関野貞と古社寺調査嘱託員の川崎千虎、片野四郎らが法隆寺の宝物を調査。	
明治33年	1900	7月 4日	奈良県技師の塚本靖が西円堂調査のために来訪。	
明治33年	1900	7月11日	奈良県技師の関野貞が法隆寺の古仏像を調査。	
明治33年	1900	7月28日～30日	北室院で光明会を執行。	
明治33年	1900	7月30日	奈良県技師の塚本靖の案内で内務省技師の伊東忠太ら8名が法隆寺の建築物を調査。	
明治33年	1900	8月 5日	奈良県技師の関野貞が金堂を調査。	
明治33年	1900	8月10日	唐招提寺が真言宗から律宗に独立。	
明治33年	1900	9月 7日	聖霊院の御供所は妻室であったが、この年から実相院が御供所兼世話人詰所となる。同院に修正会御供所と茶所の客殿を移築し、同院を修理。	
明治33年	1900	10月19日	法隆寺保存維持につき寄附金募集願を奈良県へ提出。	
明治34年	1901	1月	大西良慶が興福寺住職に就任。	
明治34年	1901	1月 2日	この年より聖霊院御供所の実相院で茶会年始の宴を開く。	
明治34年	1901	1月14日	薬師寺より秦行純の後任として佐伯定胤に「住職願」を提出。	
明治34年	1901	1月20日～22日	北室院で仏名会を執行。	

和暦	西暦	月日	事項	出典
明治34年	1901	3月	このころ、官林下戻の件につき広瀬大社の西内宮司、男爵の北畠治房、佐伯寛応の3名が尽力。	
明治34年	1901	3月12日	薬師寺の三重塔修理完成入仏会を執行。	
明治34年	1901	3月17日	奈良県技師の関野貞と東京帝国大学教授兼同附属図書館長の和田万吉が、古文書調査のため法隆寺を来訪。	
明治34年	1901	4月18日	奈良県技師の関野貞の案内で逓信省顧問技師のフランツ・パルツェル並びに帝国古蹟取調会常務員の林海音が法隆寺を来訪。	
明治34年	1901	6月14日	パリ万国博覧会へ出陳した金銅観世音菩薩像が返却される。	
明治34年	1901	6月28日	佐伯寛応が法隆寺寺務長兼講務総裁に就任。	
明治34年	1901	7月22日～27日	宝物調査のために、内務省調査委員の岡倉天心、小杉榲邨、片山四郎、中川忠順、高村光雲らが法隆寺を来訪。	
明治34年	1901	8月 3日	奈良県技師の関野貞の東京帝国大学教授への栄転に当たり、法隆寺保存への尽力に感謝して『伽藍帖』1冊、高其昌筆の花鳥図1軸を関野へ贈呈。	
明治34年	1901	8月28日	古社寺修理技手の木村米治郎と鋳物師の西原某が橘夫人厨子を修理。	
明治34年	1901	10月14日	秦行純が薬師寺住職を辞任。	
明治34年	1901	10月15日	佐伯定胤が薬師寺住職に就任。	

和暦	西暦	月日	事項	出典
明治34年	1901	10月26日	法相宗宗立勧学院を私立法相宗勧学院と改称。	
明治34年	1901	11月 1日	私立法相宗勧学院の学位則を定める。	
明治34年	1901	11月18日	斯波宗務局長、工学博士の伊東忠太、国宝調査委員の中川忠順が国宝調査のために法隆寺を来訪。	
明治34年	1901	11月19日	西園院に寺務庁を設置し、来客の接待所を東室に置くことを決定。	
明治34年	1901	12月29日	佐伯寛応に山林問題に係る百般を委任。	
明治35年	1902	1月11日	昨夏の岡倉天心一行の調査による国宝編入物の破損修復維持計画のために内務省古社寺保存計画調査嘱託の亀岡末吉、同調査員の新納忠之介が法隆寺を来訪。	
明治35年	1902	1月16日	中門の修理に着手。	
明治35年	1902	2月19日	松の馬場を法隆寺の境内に編入。	
明治35年	1902	3月 8日	大西良慶が私立法相宗勧学院の理事に就任。	
明治35年	1902	6月 5日	佐伯定胤が大僧正に補任。	
明治35年	1902	6月 5日	慶華池が決壊。	
明治35年	1902	7月26日	東本願寺へ三経院の返却を申し出る。	
明治35年	1902	8月 6日～8日	北室院で光明会を執行。	

和暦	西暦	月日	事項	出典
明治35年	1902	8月 8日	久邇宮鳩彦王、稔彦王が法隆寺を来訪。	
明治35年	1902	8月15日	中門の立柱式を執行。	
明治35年	1902	9月17日	奈良県技師の塚本靖の案内で、内務省神社局宗教局嘱託・古社寺保存計画調査嘱託・東京文科大学史料編纂員の荻野仲三郎が古文書調査のために法隆寺を来訪。	
明治35年	1902	9月23日	薬師寺住職の佐伯定胤が法相宗管長に就任。	
明治35年	1902	11月12日	岡倉天心がインドより帰国の途中に、アメリカ人ビゲローとともに拝観のために法隆寺を来訪。	
明治36年	1903	1月21日	北室院で仏名会を執行。	
明治36年	1903	2月26日	法隆寺奉賛会総裁の小松宮彰仁親王の追悼会を執行。	
明治36年	1903	3月	新谷徳次郎と刑部馬三郎が白地木綿卍紋幕を法隆寺へ寄進。	
明治36年	1903	3月 4日	綱封蔵の金銅観音立像3体が盗まれる。	
明治36年	1903	4月	法隆寺裏山の山林伐採問題が表面化する。	
明治36年	1903	4月 1日	中門の上棟を行う。	
明治36年	1903	4月 2日	佐伯定胤が法隆寺裏山の山林伐採問題で法隆寺副住職及び西園院住職の辞任願を法隆寺へ提出。薬師寺の専寺僧となる。	

和暦	西暦	月日	事項	出典
明治36年	1903	4月 6日	松田弘学が「北室院住職辞職願」を法隆寺へ提出。	
明治36年	1903	4月 7日	佐伯寛応が「宝光院住職辞職願」を法隆寺へ提出。	
明治36年	1903	5月	秦行純が法隆寺住職を辞任。	
明治36年	1903	5月 3日	佐伯定胤が法隆寺後任住職に内定。	
明治36年	1903	5月12日	三経院が東本願寺から返却される。三経院で夏安居を再興。	
明治36年	1903	5月22日	佐伯定胤が法隆寺住職に就任。	
明治36年	1903	6月 1日	佐伯定胤が新しい法隆寺寺法を制定。	
明治36年	1903	6月25日	佐伯定胤が夏安居で『聖徳太子伝暦』を講じる。	
明治36年	1903	9月 2日	三経院を修理して仏像を遷座する。	
明治36年	1903	9月 3日	五重塔内敷瓦の修復工事を行う。	
明治37年	1904	3月20日	中門の修理完了届を奈良県に提出。	
明治37年	1904	10月 6日	東大門の修理を行う。	
明治37年	1904	11月 9日	東京美術学校嘱託教員の香取秀真が美術研究のため法隆寺を来訪。	
明治37年	1904	12月 7日~8日	北室院で仏名会を執行。	
明治37年	1904	12月16日	新納忠之介が内務省宗教局の中川忠順とともに法隆寺を来訪。	
明治38年	1905	1月 7日	金堂吉祥会を旧式に復興。	

和暦	西暦	月日	事項	出典
明治38年	1905	2月	明治8年以来略儀となっていた法隆寺の年中行事をこの年より復興。	
明治38年	1905	2月 6日	秦行純が旧算主（専当）の佐伯、栗原、秦の三家を招いて旧式に奉仕するように口達する。	
明治38年	1905	3月10日	大講堂の涅槃会を再興。	
明治38年	1905	5月 8日	金堂の天蓋を修理。	
明治38年	1905	5月19日	御供調達所及び三経院前茶所を実相院内へ移建。	
明治38年	1905	5月26日	興善院住職の楓定賢、法隆寺の僧分を辞退して、古義真言宗高野派へ転宗。	
明治38年	1905	6月30日	清水寺兼宗源寺住職の楓実賢が興善院住職を兼務。	
明治38年	1905	7月	金堂四天王像や虚空蔵菩薩像（百済観音）などの修理に着手。	
明治38年	1905	7月10日	松田弘学が北室院住職を辞任して成福寺へ隠居。	
明治38年	1905	7月11日	金堂東取付廊下の一部が破損したために修理。	
明治38年	1905	7月28日	ベルリン博物館の要請によって仏師の田中文弥が観音像（百済観音）の模像を造立。	
明治38年	1905	8月13日	金堂の橘夫人厨子屏風附属の7仏のうち2体が盗まれる。	
明治38年	1905	9月	興福寺住職の大西良慶が法相宗管長に就任。	
明治38年	1905	9月 8日	聖霊院内の屏風などの破損箇所を修理。	

和暦	西暦	月日	事項	出典
明治38年	1905	9月11日	法隆寺末寺の福貴普門院住職の細谷法鎧が法隆寺に入寺し、北室院住職を兼務。	
明治38年	1905	10月20日	元金光寺本堂に千手観音像などの寄附があり、その謝礼として50円を贈る。	
明治38年	1905	12月 4日~5日	北室院で仏名会を執行。	
明治38年	1905		三経院の夏安居花盆として素木折敷を作る。	
明治39年	1906	2月	私立法相宗勧学院に研究科を新設。	
明治39年	1906	2月	聖霊院本尊の聖徳太子像の修理完成法要を講堂前で執行。	
明治39年	1906	2月11日	夢殿内観音菩薩立像を修理。	
明治39年	1906	3月29日	七曜御剣と聖徳太子御沓の「御物模造願」を帝室博物館総長宛てに提出。	
明治39年	1906	4月22日	七曜御剣、聖徳太子御沓の「御物模造願」許可。	
明治39年	1906	6月 4日	老朽化した西円堂舞台の撤去を奈良県が許可。	
明治39年	1906	8月16日	虚空蔵菩薩像（百済観音）などの修理が終わる。	
明治39年	1906	8月25日	夢殿内の観音菩薩立像、金堂内の吉祥天・多聞天両像の修理完成法要を執行。	
明治39年	1906	9月 7日	元金光寺の千手観音像を地蔵堂へ安置。	
明治39年	1906	10月 9日	清水寺住職の楓実賢没。	

和暦	西暦	月日	事項	出典
明治39年	1906	12月15日	西園院客殿の修理に着手。	
明治40年	1907	2月 1日	西園院並びに新堂の修繕竣工届を奈良県へ提出。	
明治40年	1907	3月 5日	夢殿内の聖観音菩薩像の修理に着手。	
明治40年	1907	3月14日	上御堂本尊の修理が終わる。	
明治40年	1907	3月20日	ドイツ人アドルフ・フィッシャーが法隆寺を来訪。	
明治40年	1907	4月	御物七曜御剣2振と聖徳太子御沓の模造完成。	
明治40年	1907	4月19日	新堂修理の立柱を行う。	
明治40年	1907	6月	ドイツのキール市東亜美術博物館の要請で、五重塔内塑像の羅漢像と金堂の増長天像・持国天像の模造を造ることを法隆寺が許可。	
明治40年	1907	6月	アメリカ人美術家チャンス・ゼーフリヤが来訪。法隆寺宝物保存費として100円を寄附。	
明治40年	1907	6月9日	寺門維持金捻出のため、百萬塔3000基、屛風1双の処分を決定。このころ法隆寺に百萬塔が4万3930個あった。	
明治40年	1907	7月 3日	新堂の修理を行う。	
明治40年	1907	7月21日～22日	三経院で授菩薩戒会を執行。	
明治40年	1907	10月22日	三経院で広布薩説戒を執行。長福寺の藤井恵雄より佐伯定胤に戒師の相承を行う。	

和暦	西暦	月日	事項	出典
明治40年	1907	12月18日	アメリカのラングドン・ウォーナーが新納忠之介にともなわれて法隆寺を来訪。	
明治41年	1908	1月10日	百萬塔が国宝に指定される。	
明治41年	1908	1月20日	百萬塔の修理に着手。	
明治41年	1908	1月21日	食堂北面の屋根の葺き替えを行う。	
明治41年	1908	1月29日	百萬塔の譲与規定を作成。	
明治41年	1908	2月25日	兵庫県氷上郡柏原町の土田文次より寺門維持費として1万円が寄附され、屛風（伝秀文筆、山水花鳥人物画）1双とともに感謝状を呈する。	
明治41年	1908	4月13日	法隆寺の木造釈迦如来坐像2体、木造薬師如来坐像2体、木造弥勒仏坐像1体、木造弥勒菩薩坐像1体、木造天鼓音如来坐像1体、木造阿弥陀如来坐像1体を日本美術院第2部で修理。	
明治41年	1908	4月24日	秦行純が阿弥陀院を旧金剛院地に再興。	
明治41年	1908	9月21日	西円堂本尊の薬師如来坐像の修理を終える。	
明治41年	1908	10月 5日	講堂本尊の薬師如来三尊像及び四天王像の修理に着手。	
明治41年	1908	11月29日	阿弥陀院再興の法要を行う。	
明治41年	1908	12月	阿弥陀院の旧建物を取り畳む。	
明治41年	1908	12月20日	この月までの百萬塔などの譲与金は3万210円であった。	
明治42年	1909	3月 5日	地蔵院の本堂を取り畳む。	

和暦	西暦	月日	事項	出典
明治42年	1909	6月22日	金堂内の普賢延命菩薩像を修理。	
明治42年	1909	7月29日	金堂に避雷針を設置。	
明治42年	1909	11月22日	「殿堂及什宝物観覧料徴収変更願」を奈良県へ提出。	
明治43年	1910	1月18日	講堂本尊などの修理が終わる。	
明治43年	1910	3月10日	成福寺所蔵の聖徳太子十六歳立像、不動明王立像、地蔵菩薩坐像などを法隆寺で預かる。	
明治43年	1910	3月16日	興福寺住職の大西良慶と佐伯良謙へ法隆寺の寺門維持に尽力した謝意として法服1領ずつを贈呈。	
明治43年	1910	4月28日	法隆寺の薬師如来三尊坐像3体、薬師如来坐像1体、脇侍日光・月光像2体、四天王像4体、聖徳太子坐像1体、四天王像4体、十二神将立像10体、千手観音立像1体、阿弥陀如来坐像1体、延命普賢菩薩坐像1体、木心乾漆弥勒菩薩坐像1体、文殊騎獅坐像1体などを日本美術院第2部で修理。	
明治43年	1910	5月10日	インドのバロダ国王が法隆寺を来訪。	
明治43年	1910	6月	興福寺の佐伯良謙が私立法相宗勧学院助講師に就任。	
明治43年	1910	6月21日	伝法堂本尊の阿弥陀三尊乾漆像の修理が終わる。	

和暦	西暦	月日	事項	出典
明治43年	1910	9月 9日	普門院の秦行純が善住院伝来の鳳笙1管と普門院の修理料として200円を寄附。	
明治43年	1910	9月12日	法隆寺の乾漆阿弥陀如来坐像1体、同脇侍観音・勢至立像2体、同阿弥陀如来坐像1体、木造阿弥陀如来坐像1体、同梵天・帝釈天立像2体、木造聖観世音立像1体、塑像道詮律師坐像1体、木造観音・勢至立像2体、同文殊・普賢立像2体、同日光・月光立像2体、同四天王立像4体などを日本美術院第2部で修理。	
明治43年	1910	9月25日	三経院で授菩薩戒会を執行。	
明治43年	1910	11月30日	日英博覧会に法隆寺の木造釈迦如来坐像、木造金堂天蓋附属の天人と鳳凰を出品する。その謝礼として250円が日英博覧会事務局から寄贈される。	
明治43年	1910		舎利殿卓を模造。	
明治44年	1911	1月 3日	講堂本尊御修理落慶開眼供養法要を執行。	
明治44年	1911	1月 7日	旧来、金堂修正会を太陰暦で執行していたが、この年から太陽暦で執行することを法隆寺一山会議で衆議一決。	
明治44年	1911	1月10日	秦行純が高齢のため西円堂輪番を細谷法鎧と交替（2月1日より）。	

和暦	西暦	月日	事項	出典
明治44年	1911	2月 9日	法隆寺本坊の土蔵から虚空蔵菩薩像（百済観音）の宝冠などを発見。	
明治44年	1911	3月22日	この年から会式を3月22日より3日間執行することとなる。	
明治44年	1911	5月 9日	並松町から聖霊院前へ寄進された石燈籠2基を松の馬場の南に移設。	
明治44年	1911	5月15日	白石村治が法隆寺唐草古瓦破片（篦おこし式）と東大寺鬼瓦3点を法隆寺へ寄進。	
明治44年	1911	6月11日	東京美術学校大講堂で上宮太子祭典を開催。	
明治44年	1911	6月17日	佐伯寛応が法隆寺の境内に楠樹を植える。	
明治44年	1911	7月10日	夢殿の北面へ金色阿弥陀仏像を安置する。	
明治44年	1911	7月10日	西円堂西面へ地蔵菩薩像（大御輪寺旧蔵）を安置。	
明治44年	1911	7月10日	西円堂へ仮安置中の宝珠院本尊の文殊菩薩像を三経院へ移す。	
明治44年	1911	9月 5日	佐伯道胤が宝珠院、秦高道が福生院、佐伯定胤が宗源寺、千早正朝が興善院の住職に就任。	
明治44年	1911	10月	このころ夢殿救世観音像の宝冠の鋲を模造して虚空蔵菩薩（百済観音）の宝冠に付ける。	

和暦	西暦	月日	事項	出典
明治44年	1911	10月16日	平子鐸嶺塔供養会を執行する。このときに岡倉天心が法隆寺護持組織として法隆寺会の設立を提唱する。	
明治44年	1911	11月 5日	綱封蔵に盗人が入り、釈迦誕生仏、釈迦如来立像、玉虫厨子の金銅鴟尾、金銅不動坐像などが盗まれる。	
明治44年	1911	11月13日	興福寺の佐伯良謙と法隆寺の千早正朝が慈恩会竪義を遂業。	
明治44年	1911	11月22日	絵殿本尊の夢違観音像を金堂へ移す。	
明治44年	1911	12月20日	上御堂の修理工事が完成。	
明治44年	1911	12月25日	伽藍監守の規定を定める。	
明治45年	1912	1月 6日	悦山の『遊法隆寺之詩』を購入(25円)。	
明治45年	1912	1月 7日	今村貞治が法隆寺へ寄進した弁財天像を新堂へ安置。	
明治45年	1912	2月 1日	佐伯定胤が法起寺住職を兼務。	
明治45年	1912	2月 8日	中川忠順が「慈恩大師讃文」を法隆寺へ寄進。	
明治45年	1912	2月27日	聖霊院の鞨鼓を修理。	
明治45年	1912	2月28日	多治見国利が鍍金釈迦誕生仏銅像を法隆寺へ寄進。	
明治45年	1912	3月 5日	法隆寺の松並木に松木50本を植樹。	
明治45年	1912	3月16日	法起寺三重塔の水煙を修理。	
明治45年	1912	3月30日	興善院が老朽化したので玄関と庫裏を寺務所(西園院)へ移す。	

和暦	西暦	月日	事項	出典
明治45年	1912	5月 5日	興善院の名称を興福寺へ譲ることを法隆寺が決定。	
明治45年	1912	5月23日	明治44年に盗難の釈迦誕生仏を日本美術院第2部（新納忠之介が監督）が模造（幸い木造の台座が残っていたので仏像の寸法が判明した）。	
明治45年	1912	5月24日	上御堂落慶供養並びに釈迦誕生仏の開眼供養法会を執行。	
明治45年	1912	6月	橋本隆遍が薬師寺住職に就任。	
明治45年	1912	6月 1日	興善院の名称を興福寺へ移す。	
明治45年	1912	6月26日	普門院を日本美術院第2部に貸し出す。	
明治45年	1912	7月	東院不明門前の宿屋加世屋を法隆寺が買収する。	
明治45年	1912	7月27日	今上天皇の平癒祈禱のために護摩堂に西円堂薬師胎内仏を安置して薬師護摩供を執行。	
大正元年	1912	9月19日	寺務所（西園院）玄関や台所の工事に着手。	
大正元年	1912		綱封蔵を宝物館として改造。	
大正 2年	1913	7月 2日	前法隆寺住職の秦行純没。	
大正 2年	1913	8月21日	聖霊院の閼伽棚を修理。	
大正 2年	1913	9月 2日	岡倉天心没。	
大正 2年	1913	9月22日	旧領地の安部村の人びとが法隆寺へ雨乞い成就のお礼に参詣。	
大正 2年	1913	9月27日	西円堂安置の地蔵菩薩像を修理するために日本美術院第2部の工場（普門院）へ移す。	

和暦	西暦	月日	事項	出典
大正 2年	1913	10月 7日	仁王像の修理に着手。	
大正 2年	1913	10月13日	仁王像の修理に三井山の土を使うことを検討する。	
大正 2年	1913	10月15日	法起寺古仏堂の取り畳みを奈良県が許可する。	
大正 2年	1913	11月 2日	東本願寺説教場（宝珠院）で宗祖遠忌法要を執行。	
大正 2年	1913	11月15日	東京美術学校大講堂で岡倉天心追悼会を執行。	
大正 2年	1913	11月15日	香取秀真が鵤寺倉印を新調して法隆寺へ寄進。	
大正 2年	1913	11月28日	香取秀真が雷神銅磬を作成（費用30円）。	
大正 2年	1913	12月 3日	藤田家所蔵の橘夫人厨子正面右側扉が法隆寺へ寄進される。	
大正 2年	1913	12月30日	大谷派（東本願寺）説教場を閉鎖。	
大正 3年	1914	1月15日	玉虫厨子と橘夫人厨子を修理するために美術院へ引き渡す。	
大正 3年	1914	2月23日	玉虫厨子の絵の模写を日本美術院国宝修理所に依頼。	
大正 3年	1914	3月17日	法隆寺仁王像の修理が終わる。	
大正 3年	1914	4月	南大門を修理。	
大正 3年	1914	5月31日	西円堂玉垣修築工事が終わる。	
大正 3年	1914	6月 2日	興福寺南円堂の梵鐘を鋳造するために西円堂奉納鏡10枚を法隆寺から興福寺へ寄進。	
大正 3年	1914	6月 6日	法隆寺の阿閦如来坐像の修理中に胎内墨書を発見。	

和暦	西暦	月日	事項	出典
大正 3年	1914	6月 8日	玉虫厨子と橘夫人厨子の修理が終わる。金堂に安置する。	
大正 3年	1914	7月	善住院裏の借地を500円で法隆寺が買収。	
大正 3年	1914	7月 2日	弥勒院の修理に着手。	
大正 3年	1914	9月	吉田仙治郎が峰薬師念仏講用の箱を新調する。	
大正 3年	1914	10月 9日	西円堂前の道路を修理。	
大正 3年	1914	10月11日	西円堂玉垣石段落成供養を執行。	
大正 3年	1914	10月21日	聖霊院前の茶所を取り畳む。	
大正 3年	1914	11月17日	南大門の立柱がはじまる。	
大正 3年	1914	12月15日	橘夫人念持仏の光背の修理が終わる。	
大正 3年	1914	12月28日	橘夫人念持仏の光背金具不足分を新調。	
大正 4年	1915	3月11日	聖霊院前の手水屋形を現在地へ移転する。	
大正 4年	1915	4月20日	皇太子（昭和天皇）行啓。金堂前西側に若松を植樹される。	
大正 4年	1915	7月 1日	鐘楼、経蔵、廻廊の修理工事に着手。	
大正 4年	1915	7月23日	若草伽藍の礎石を北畠治房邸から摂津住吉の久原房助邸へ搬出。	
大正 4年	1915	12月31日	杉村辰三が御物の摩耶夫人及び天人像の模造を寄進。	
大正 4年	1915		金堂上層の北面の屋根を葺き替える。	

和暦	西暦	月日	事項	出典
大正 5年	1916	1月 2日	中川忠順が『大唐慈恩大師画讃』(天承2年) を法隆寺へ寄進。	
大正 5年	1916	2月22日	柳生彦蔵や杉村健三の尽力によって北畠治房旧蔵の『法隆寺文書』(古田巻) 2巻を法隆寺へ寄進。	
大正 5年	1916	3月28日	香取秀真が玉虫厨子の鴟尾を新鋳。	
大正 5年	1916	4月	香取秀真が西円堂奉納鏡を調査する。	
大正 5年	1916	4月21日	三経院の裏天井と後張壁が破損したので修理する。	
大正 5年	1916	5月 8日	杉村辰三が御物の摩耶夫人及び天人像の模造を奉安する厨子1基を法隆寺へ寄進。	
大正 5年	1916	5月30日	西院経蔵の修理が終わる。	
大正 5年	1916	6月 7日	綱封蔵への渡り廊下の改築工事に着手。	
大正 5年	1916	6月16日	文部省に金堂壁画保存法調査委員会を開設。	
大正 5年	1916	6月21日	岡部長景子爵へ経蔵の柱を譲与。	
大正 5年	1916	6月28日	普門院に美術院の修理工場が置かれていたが、法隆寺の仏像修理の終了によって閉鎖。	
大正 5年	1916	7月11日~12日	金堂へ電灯を設置する工事を行う。	
大正 5年	1916	7月22日	綱封蔵への渡り廊下と東室と妻室の渡り廊下の上棟を行う。	

和暦	西暦	月日	事項	出典
大正 5年	1916	9月17日	正岡子規の句碑を聖霊院前に建てる。	
大正 5年	1916	10月 8日	法隆寺史（『法隆寺縁起』）の編纂を大屋徳城に委嘱する。	
大正 5年	1916	10月30日	東京美術学校教授の和田英作が金堂壁画を調査。	
大正 5年	1916	11月14日	写真師の小川一真が聖霊院前の鏡池の東側に設けた高さ15間余りの足場の上から、西院伽藍の全景を撮影する。	
大正 5年	1916	11月24日 ～29日	金堂壁画を撮影するために、写真用のレール敷設工事を行う。	
大正 5年	1916	12月 8日	金堂内のニトロ燈敷設工事完了。	
大正 5年	1916	12月11日	金堂壁画の撮影に着手。	
大正 5年	1916	12月24日	綱封蔵の南室の宝物棚の下にある俵（古くから五重塔壁画の壁土と伝える）の中から天寿国曼荼羅繡帳の断片、飛鳥時代金具、和銅神宝の古銭8枚、天平古写経（天平4年書写の瑜伽師地論断簡）、古面断片などを発見。	
大正 6年	1917	1月 7日	金堂壁画の撮影中のため、修正会を旧暦に変更して執行。	
大正 6年	1917	1月28日	金堂壁画の撮影完了。	
大正 6年	1917	2月10日	金堂壁画の壁体と内部構造の調査のために、西面の阿弥陀浄土の外部南側を少し切り取る。	
大正 6年	1917	3月17日	渋沢栄一男爵が法隆寺を参拝。	

和暦	西暦	月日	事項	出典
大正 6年	1917	4月 1日	経蔵とその左右の廻廊の修理が終わる。	
大正 6年	1917	4月 1日	中門西側の廻廊修理に着手。	
大正 6年	1917	4月19日	金堂正面と西側の下段石を修理。	
大正 6年	1917	5月	『法隆寺大鏡』の解説に百済観音の名称が登場する。	
大正 6年	1917	5月13日	洋画家の寺崎武男が金堂壁画を調査する。	
大正 6年	1917	6月 4日	平子鐸嶺の七回忌法要を東京美術学校で執行。その記念として美術展覧会を開催。昨冬に綱封蔵の塵埃から発見した金具や古銭を出陳する。	
大正 6年	1917	6月17日	日野法界寺の松岡秀賛（元法隆寺僧）が法隆寺へ『金堂日記』（金堂仏像等目録）を寄進。	
大正 6年	1917	6月25日	金堂壁画の拝観期間を決める。春は4月1日から5月10日までの40日間、秋は10月22日から11月20日までの30日間。	
大正 6年	1917	10月20日	和田維四郎が法隆寺へ古抄本『上宮王御製維摩経』（巻下・2巻）を寄進。	
大正 7年	1918	1月19日	中門東側廻廊の修理に着手。	
大正 7年	1918	1月19日	聖霊院西側の厩屋を妻室玄関の東側に移転。	
大正 7年	1918	4月 5日	金堂壁画の一部硬化法実験に着手。	

和暦	西暦	月日	事項	出典
大正 7年	1918	4月 6日	水木要太郎などの有志が法隆寺旧蔵の『聖徳太子伝暦』2巻を寄進。	
大正 7年	1918	5月10日	法隆寺が香取秀真に金銅灌頂幡模造の設計を依頼。	
大正 7年	1918	5月25日	聖徳太子一千三百年御忌奉賛会を設立。	
大正 7年	1918	8月15日	米価暴騰（1石53円）。法隆寺村でも不穏の挙動あり。	
大正 7年	1918	11月11日	修理中の三経院安置の持国天像と増長天像の胎内から印仏を発見。	
大正 7年	1918	12月	法隆寺勧学院同窓会が発足。	
大正 7年	1918	12月 1日	金堂壁画を保護するために幕や木の欄干の設置工事に着手。	
大正 7年	1918	12月 3日	法隆寺西院廻廊第2期修理工事終了。	
大正 7年	1918	12月14日	金堂拝観の新しい規定を実施。	
大正 8年	1919	2月 4日	中門前に聖徳太子一千三百年御忌の札を建てる。	
大正 8年	1919	3月 4日	金堂内陣を板敷とする。	
大正 8年	1919	3月 5日	地蔵院唐門を寺務所表門とする移転修理に着手。	
大正 8年	1919	3月13日	小泉策太郎衆議院議員などが法隆寺防火設備に関する建議案を提出。	
大正 8年	1919	3月15日	中門の詰所へ金堂拝観規定を掲示。	
大正 8年	1919	3月17日	金堂壁画保護幕の設置を完了。	

和暦	西暦	月日	事項	出典
大正 8年	1919	4月 3日	聖徳太子一千三百年御忌奉賛会会長の徳川頼倫侯爵が法隆寺を来訪。	
大正 8年	1919	4月11日	聖霊会を4月11日に執行することに改める。	
大正 8年	1919	4月16日	寺務所の薬医門の地蔵院への移転が終わる。	
大正 8年	1919	4月19日	地蔵院庫裏の修理に着手。	
大正 8年	1919	5月17日	西円堂香水場を改築。	
大正 8年	1919	5月27日	寺務所へ移転した旧地蔵院唐門の修理が終わる。	
大正 8年	1919	8月 1日	三経院安置の持国天像と増長天像の修理が終わる。唐招提寺の美術院で二天像を引き継ぐ。	
大正 8年	1919	8月13日	森本瑞明が法隆寺へ『如意輪観音講式』（元久2年）を寄進。	
大正 8年	1919	8月24日	法隆寺の拝観料を改定。	
大正 8年	1919	8月29日	地蔵院の井戸を掘る。	
大正 8年	1919	9月21日	西円堂御供所の新築座敷上棟。	
大正 8年	1919	10月8日	西園院の書院を修理。	
大正 8年	1919	10月10日	法隆寺が東京帝室博物館へ「御物の麈尾・説相箱・如意の模造許可願」を提出。	
大正 8年	1919	11月25日	法起寺末寺の椪木賢聖院が焼失。	
大正 8年	1919	12月11日	西園院客殿の工事に着手。	
大正 9年	1920	5月 4日	薬師寺住職の橋本隆遍没。	

和暦	西暦	月日	事項	出典
大正 9年	1920	7月11日	小堀柄音に唐本聖徳太子御影と孝養聖徳太子御影の揮毫を依頼。	
大正 9年	1920	8月 3日	佐伯定胤が再び薬師寺住職を兼務。	
大正 9年	1920	11月 6日	法隆寺に電話が開通する。	
大正 9年	1920	12月15日	花園院表門を修理。	
大正 9年	1920		西院廻廊、経蔵、鐘楼などを修理。	
大正 9年	1920		興善院玄関を西園院へ移建。	
大正10年	1921	2月	佐野文豊が聖霊会行列図を描く。	
大正10年	1921	3月	六角紫水が聖徳太子一千三百年御忌の料として香合を奉納。	
大正10年	1921	4月	高村光雲らが聖徳太子一千三百年御忌の料として、綱引面、蠅払面、八部衆面、菩薩面などを新造して奉納。	
大正10年	1921	4月	吉田亀吉が聖徳太子一千三百年御忌の料として大講堂の五色唐草立涌に鳳凰丸紋鍛子幕を奉納。	
大正10年	1921	4月	聖徳太子一千三百年御忌の料として前机（諷誦台）を奉納。	
大正10年	1921	4月	木内半古が聖徳太子一千三百年御忌の料として塵尾を新調。	
大正10年	1921	4月	清水亀蔵が聖徳太子一千三百年御忌の料として金銅如意を新調。	

和暦	西暦	月日	事項	出典
大正10年	1921	4月	聖徳太子一千三百年御忌のために轅、御輿、轅天蓋を新調。	
大正10年	1921	4月	今村繁三が聖徳太子一千三百年御忌の料として舎利殿に香炉(香取秀真作)を奉納。	
大正10年	1921	4月	石田英一が聖徳太子一千三百年御忌の料として柄香炉を奉納。	
大正10年	1921	4月	梅沢隆真が聖徳太子一千三百年御忌の料として香合を奉納。	
大正10年	1921	4月	勧学院同窓会が聖徳太子一千三百年御忌の料として水晶大念珠を寄進。	
大正10年	1921	4月	熊谷万助が聖徳太子一千三百年御忌の料として聖霊院の紫地縮緬菊紋幕を奉納。	
大正10年	1921	4月	籏尾分川池負中が聖徳太子一千三百年御忌の料として聖霊院の礼盤、前机、磐架などを奉納。	
大正10年	1921	4月	香取秀真が聖徳太子一千三百年御忌の料として柄香炉を奉納。	
大正10年	1921	4月	大住喜右衛門、同省三郎、米津恒次郎、同松造、同武三郎が聖徳太子一千三百年御忌の料として華籠(牧光弘作)を奉納。	
大正10年	1921	4月	松原寿山が聖徳太子一千三百年御忌の料として天葵円座を奉納。	
大正10年	1921	4月	西脇済三郎が聖徳太子一千三百年御忌の料として金銅装説相匣4口を奉納。	

和暦	西暦	月日	事項	出典
大正10年	1921	4月	国華倶楽部が聖徳太子一千三百年御忌の料として大講堂に五具足を奉納。	
大正10年	1921	4月11日	久邇宮邦彦王を聖徳太子一千三百年御忌奉賛会総裁に奉戴。	
大正10年	1921	4月11日～17日	聖徳太子一千三百年御忌法要を執行。	
大正10年	1921	7月	三経院夏講の講読夏衲衣2領を新調。	
大正11年	1922	1月18日	夢殿秘仏救世観音像の開扉を厳重にする規定を作る。	
大正11年	1922	11月	実相院の庫裏を花園院跡に移建。実相院の御供所は普門院、離座敷は西園院、実相院表門は明王院表門へ移建。	
大正12年	1923	5月31日	久邇宮良子女王（香淳皇后）が金堂前東側に若松を植樹される。	
大正13年	1924	2月22日	「聖徳太子一千三百年御忌奉賛会」を「財団法人聖徳太子奉讃会」に改称。	
大正13年	1924	12月 5日	佐伯良謙『世親の宗教』刊。	
大正14年	1925	5月	大西良慶が「興福寺住職辞任届」を提出。興福会や興福寺の寺僧が佐伯良謙を後任住職に推挙。	
大正14年	1925	11月 1日	佐伯良謙『慈恩大師伝』刊。	
大正14年	1925	11月23日	法隆寺防火水道の起工式を行う。	
大正15年	1926	4月	聖霊院の供物大机を作る。	

和暦	西暦	月日	事項	出典
大正15年	1926	4月 6日	五重塔の秘宝（舎利容器）を調査する。	
大正15年	1926	4月11日	国華倶楽部が聖徳太子一千三百五年御忌の料として聖霊院の供物用の前机を奉納。	
大正15年	1926	4月11日〜13日	聖徳太子一千三百五年御忌法要を執行。	
昭和 2年	1927	7月28日	法隆寺の防火設備完成。このころ、法隆寺再建非再建論争が激しく行われる。	
昭和 2年	1927	11月30日	法隆寺勧学院同窓会より『性相』を発刊。	
昭和 2年	1927		三経院夏安居のために聴衆が赤地花唐草文様銀襴幡を奉納。	
昭和 3年	1928	5月	佐伯良謙が性相学聖典刊行会の編集長に就任。	
昭和 3年	1928	5月17日	佐伯定胤『唯識三類境義本質私記』刊。	
昭和 4年	1929	3月28日	国宝保存法公布。	
昭和 5年	1930	9月20日	東院芝之口の侍門が老朽化したので修理する。このとき向きを東向きに変更する。	
昭和 6年	1931	2月15日	佐伯良謙『法相宗教義』刊。	
昭和 6年	1931	4月11日	聖徳太子一千三百十年御忌法要を執行。	
昭和 6年	1931	11月16日	佐伯定胤は興福寺の佐伯良謙を後継者とするために荻野仲三郎と大西良慶に仲介を依頼して法隆寺副住職に推挙することを内定する。	

和暦	西暦	月日	事項	出典
昭和 6年	1931		佐伯定胤寿像（高村光雲作）を造立。	
昭和 6年	1931		金堂修正会の多燈台を新調。	
昭和 6年	1931		奈良県の委託工事として、三経院と西室の解体修理を行う。	
昭和 7年	1932	1月12日	興福寺の佐伯良謙が法隆寺副住職として入寺。実相院に住す。	
昭和 7年	1932	9月18日	一切経蔵を修理。	
昭和 7年	1932	10月	護摩堂で使用する清浄盥と清浄桶を新調。	
昭和 7年	1932	11月13日	慈恩大師画像（久富春年画）の開眼供養を執行。	
昭和 7年	1932		五重塔の心柱や相輪を修理。	
昭和 8年	1933	4月20日	食堂の解体修理はじまる。	
昭和 8年	1933	5月	西室、三経院の修理が終わる。	
昭和 8年	1933	5月15日	西室に仏壇を新造。天井は西円堂参籠所の仏間のものを移設。	
昭和 8年	1933	5月16日	夏安居の会場を三経院から西室へ移す。	
昭和 9年	1934	4月	法隆寺国宝保存事業部及び同保存協議会を設置。	
昭和 9年	1934	5月 2日	東大門の修理に着手。	
昭和 9年	1934	5月10日	礼堂の修理に着手。	
昭和 9年	1934	5月27日	法隆寺国宝保存工事（法隆寺昭和大修理）の起工式を行う。	
昭和 9年	1934	8月14日	細谷而楽作の五重塔内塑像文殊菩薩坐像と維摩居士坐像の模像を三経院に安置して開眼供養を行う。	

和暦	西暦	月日	事項	出典
昭和10年	1935	1月 4日	東院鐘楼の修理に着手。	
昭和10年	1935	2月28日	東大門の修理が終わる。	
昭和10年	1935	3月30日	細殿と食堂の修理が終わる。	
昭和10年	1935	4月11日	正木直彦が聖徳太子一千三百十六年御忌の料として大鶏頭金襴の衲衣1具を奉納。	
昭和10年	1935	6月23日	細谷而楽作の三経院安置の五重塔内塑像文殊菩薩坐像と維摩居士坐像の模像の本供養を行う。	
昭和10年	1935	7月30日	礼堂の修理が終わる。	
昭和10年	1935	8月 1日	大講堂の修理に着手。	
昭和10年	1935	8月30日	東院鐘楼の修理が終わる。	
昭和10年	1935	9月 1日	西円堂の修理に着手。	
昭和10年	1935		塑像の吉祥天像を食堂で発見。	
昭和10年	1935		佐伯定胤校訂『昭和会本維摩経義疏』刊。	
昭和11年	1936	11月 8日	鵤文庫落慶。	
昭和11年	1936	11月13日	興福寺の板橋良玄と樋口貞俊が慈恩会竪義を遂業。	
昭和11年	1936	11月30日	西円堂の修理が終わる。	
昭和11年	1936	12月 1日	地蔵堂の修理に着手。	
昭和11年	1936	12月 4日	北室院で3日間、灌頂を行う。	
昭和12年	1937	4月	綱封蔵整理中に、五重塔内塑像5体を発見。	
昭和12年	1937	6月22日	夢殿及び廻廊の修理に着手。	
昭和12年	1937	6月30日	地蔵堂の修理が終わる。	

和暦	西暦	月日	事項	出典
昭和12年	1937	9月11日	食堂の塑造四天王像と五重塔の塑像を修理（北室院内に美術院の修理工場を置く）。	
昭和12年	1937	9月12日	元東京美術学校校長の正木直彦が夢殿秘仏厨子の新造を発願。美術院の人びとが作品を正木に提供し、東京日本橋で即売会を催す。その収益を厨子新造の浄財の一部とする。	
昭和12年	1937	9月15日	法隆寺で灯火管制を行う。	
昭和12年	1937	11月13日	薬師寺の橋本凝胤が慈恩会竪義を遂業。	
昭和12年	1937	12月28日	西円堂へ青銅八角御燈籠1基を寄進（施主・久保田美英）。	
昭和13年	1938	1月22日	慈恩大師像（彫刻家・大川逞一作）が法隆寺に到着。	
昭和13年	1938	2月13日	慈恩大師像の開眼法要を執行。	
昭和13年	1938	3月14日	某氏より法隆寺へ維持基金として3万5000円の寄進が決定。記念として中門・食堂・細殿・三経院・西室・上之御堂・東大門・鐘楼・西院廻廊の古材の贈呈が決まる。	
昭和13年	1938	3月30日	大川逞一が西円堂鬼追面の模造面の制作を計画。	
昭和13年	1938	4月	このころから古材売却問題起こる。	
昭和13年	1938	4月 4日	法隆寺維持基金寄進者から奉納金が施納される。	

和暦	西暦	月日	事項	出典
昭和13年	1938	5月	法隆寺西園院の土蔵から文欟木厨子を発見。	
昭和13年	1938	5月 1日	末永雅雄に法隆寺美術工芸品調査委員を嘱託。	
昭和13年	1938	5月 4日	西本願寺法主の大谷光照が法隆寺を来訪。	
昭和13年	1938	5月22日	厨子入り聖徳太子像（大鉄百貨店所蔵）開眼法要を執行。大鉄百貨店が聖徳太子摂政像1体を法隆寺へ寄進。	
昭和13年	1938	6月 2日	宝光院の浴室竣工。	
昭和13年	1938	6月 2日	法隆寺防空組合を設立。	
昭和13年	1938	8月 4日	正木直彦発願の夢殿秘仏新造厨子の模型完成。	
昭和13年	1938	10月19日	諏訪聖徳講の聖徳太子摂政像1体の開眼法要を聖霊院で執行。	
昭和13年	1938	10月31日	大講堂の薬師三尊像、四天王像を仮堂から遷座。	
昭和13年	1938	11月 1日	大講堂の薬師三尊像、四天王像の遷座が完了。この遷座のときに本尊の蓮台蓮弁10枚を破損。	
昭和13年	1938	11月 3日	鵤文庫淵默書堂竣工。	
昭和13年	1938	11月12日	絵殿、舎利殿、伝法堂の修理に着手。	
昭和13年	1938	11月13日	慈恩会を食堂で執行。	
昭和13年	1938	11月21日～	絵殿、舎利殿、伝法堂の諸仏を遷座。舎利塔は太子殿。伝法堂の諸仏は礼堂。その他は東室へ移す。	

和暦	西暦	月日	事項	出典
昭和13年	1938	11月21日～	舎利殿から鎌倉時代の厨子を発見。相殿から平安時代の阿弥陀仏坐像を発見。	
昭和13年	1938	11月30日	大講堂の修理が終わる。	
昭和13年	1938	12月 1日	大講堂修理完成竣工届を文部省宛てに提出。	
昭和13年	1938	12月15日	大講堂修理落慶開眼法要を執行。	
昭和14年	1939	3月16日	百済観音奉安室に天蓋を新造することを計画。	
昭和14年	1939	3月16日	夢殿の卓机、三具足、燈籠、燭台、花立などの新造を計画。	
昭和14年	1939	4月 5日	東院南門、四脚門の修理に着手。	
昭和14年	1939	4月15日	夢殿秘仏新造厨子上棟。厨子の用材には法隆寺古材を使用。	
昭和14年	1939	4月15日	流出していた金堂増長天像の持物金具を購入。	
昭和14年	1939	5月 4日	夢殿秘仏新造厨子の製作者として漆は松田権六、金具は清水亀蔵、槍鉋は魚住為楽、織物は竜村平蔵が参画。	
昭和14年	1939	5月19日	若草伽藍跡の塔の礎石が野村徳七から法隆寺へ寄進されることが決まる。	
昭和14年	1939	6月 1日	佐伯定胤が薬師寺住職を辞任。	
昭和14年	1939	6月14日	魚住為楽による槍鉋での厨子製作作業が完了。そのとき使用した槍鉋を魚住為楽が法隆寺へ寄進。	

和暦	西暦	月日	事項	出典
昭和14年	1939	7月21日	夢殿及び東院廻廊の修理が終わる。	
昭和14年	1939	9月	高野山正智院所蔵の法相宗関係古抄本を法隆寺が購入。	
昭和14年	1939	9月 4日	夢殿秘仏新造厨子や仏具の漆塗が完了。	
昭和14年	1939	9月19日	綱封蔵から天平の麻布を発見。	
昭和14年	1939	10月22日	若草伽藍跡の塔の礎石が、もとの地に安着する。	
昭和14年	1939	11月	武田長兵衛が法隆寺へ『勝鬘経』、因明などの古抄本を寄進。	
昭和14年	1939	12月	金堂壁画の模写が計画される。	
昭和14年	1939	12月	東院不明門の上棟式を執行。	
昭和14年	1939	12月 7日〜19日	石田茂作と末永雅雄が若草伽藍跡の発掘を行う。	
昭和14年	1939	12月27日	大宝蔵殿竣工。	
昭和14年	1939	12月28日	魚住為楽が法隆寺へ銅鑼を寄進。	
昭和14年	1939		佐伯定胤校訂『昭和会本勝鬘経義疏』刊。	
昭和14年	1939		上土門を地蔵院より西園院へ移建。	
昭和14年	1939		舎利殿、伝法堂などの解体修理中に、鴟尾破片など多くの遺物発見。	
昭和15年	1940	1月18日	舎利殿と絵殿の地下調査によって斑鳩宮らしい遺構を発掘。	
昭和15年	1940	1月28日	武田長兵衛が法隆寺へ『法隆寺一切経』などの古抄本を寄進。	

和暦	西暦	月日	事項	出典
昭和15年	1940	2月	佐伯定胤監修『新導成唯識論』刊。	
昭和15年	1940	2月 2日	夢殿秘仏厨子新造発願者であり、法隆寺の復興に尽力した正木直彦（元東京美術学校校長）が没する。	
昭和15年	1940	2月10日	小西新兵衛が皇紀二千六百年の記念として磬（香取秀真作）を夢殿へ奉納。	
昭和15年	1940	4月	西脇済三郎が皇紀二千六百年の記念として火舎（香取秀真作）を夢殿へ奉納。	
昭和15年	1940	4月	武田長兵衛が皇紀二千六百年の記念として華瓶（香取秀真作）を夢殿へ奉納。	
昭和15年	1940	4月	細川護立が燈籠と金鼓（香取秀真作）を夢殿へ奉納。	
昭和15年	1940	4月20日	夢殿前に舞楽舞台を設営。	
昭和15年	1940	4月21日	夢殿で厨子落慶供養会と正木直彦追悼作善講を執行。このとき正木直彦遺愛の錫状を用いる。	
昭和15年	1940	6月30日	東院南門、四脚門の修理が終わる。	
昭和15年	1940	7月 1日	北室院本堂及び表門の修理に着手。	
昭和15年	1940		百済観音像の天蓋を作成。	
昭和16年	1941	4月	竹田義蔵が華籠を法隆寺へ奉納。	

和暦	西暦	月日	事項	出典
昭和16年	1941	4月	聖徳太子一千三百二十年御忌の料として舞楽衣裳の左方襲、右方襲、迦陵頻、胡蝶、蘇莫者を新調。	
昭和16年	1941	4月	竹林薫が蘇莫者の面を造る。	
昭和16年	1941	4月	紫地鳳凰丸紋幕を新調。	
昭和16年	1941	4月	木地師の馬戸拝堂が聖徳太子一千三百二十年御忌の料として竜頭15個を作る。	
昭和16年	1941	4月11日	聖徳太子一千三百二十年御忌法要を執行。聖徳太子一千三百二十年御忌奉讃記念論文集『日本上代文化研究』刊。	
昭和16年	1941	4月11日	吉田亀吉が聖徳太子一千三百二十年御忌の料として華籠を奉納。	
昭和16年	1941	4月11日	武田長兵衛と小西新兵衛が聖徳太子一千三百二十年御忌の料として火舎香炉、華瓶、燭台、皿（香取正彦作）を奉納。	
昭和16年	1941	4月11日	大宝蔵殿落成法要を執行。	
昭和16年	1941	12月	小西新兵衛と奥田正造が短檠を法隆寺へ奉納。	
昭和17年	1942	1月 8日	五重塔の解体はじまる。	
昭和17年	1942	3月	銅製の西円堂香炉や刀剣500振余りを供出。	
昭和17年	1942	3月	大西良慶が興福寺住職を辞任。	
昭和17年	1942	3月	板橋良玄が興福寺住職・法相宗管長に就任。	

和暦	西暦	月日	事項	出典
昭和17年	1942	3月31日	北室院本堂表門の修理が終わる。	
昭和17年	1942	9月20日	五重塔内塑像群を宝蔵及び北室院へ移す。	
昭和17年	1942	10月 1日	宗源寺四脚門の修理に着手。	
昭和17年	1942	11月25日	半鐘3、釣燈籠30、銅鏡1615枚、刀剣160振余を供出。	
昭和17年	1942	11月30日	宗源寺四脚門の修理が終わる。	
昭和18年	1943	3月 1日	聖霊院の修理に着手。	
昭和18年	1943	3月10日	佐伯定胤『聖徳太子の憲法』刊。	
昭和18年	1943	3月31日	法隆寺副住職の佐伯良謙が大僧正に補任。	
昭和18年	1943	3月31日	伝法堂、舎利殿、絵殿の修理が終わる。	
昭和18年	1943	5月	仏生会の灌仏盤（香取秀真作）が法隆寺へ奉納される。	
昭和18年	1943	5月	仏生会の釈迦誕生仏（山崎朝雲刻、香取秀真鋳造）が法隆寺へ奉納される。	
昭和18年	1943	6月20日	法隆寺編『法隆寺聖霊会』刊。	
昭和18年	1943	6月25日	慈恩大師像の開眼供養会を執行。	
昭和18年	1943	8月26日	午後3時、金堂壁画模写用にはじめて蛍光放電燈を点灯する。修理調査のため金堂拝観中止。	
昭和18年	1943		五重塔から壁画跡を発見。	
昭和19年	1944	2月22日	佐世保海軍軍需部へ短刀200振、脇差200振、短刀（槍身用として700振）を供出。	

和暦	西暦	月日	事項	出典
昭和19年	1944	4月8日	西脇済三郎が仏生会の香水壺、清水壺、匙（香取秀真作）を法隆寺へ奉納。	
昭和19年	1944	5月1日	金堂上層を解体。	
昭和19年	1944	5月22日	法隆寺国宝保存工事事務所設立10周年記念祝賀会を挙行。	
昭和19年	1944	7月21日	法輪寺の三重塔が落雷により焼失。	
昭和19年	1944	8月22日	大阪海軍経理部へ布団綿、座布団100枚と敷布団10枚を供出。	
昭和19年	1944	12月	このころ法隆寺の大垣などの建物に掩体を設置。	
昭和20年	1945	6月25日	笠置へ聖霊院の如意輪観音像などの宝物を疎開する。	
昭和20年	1945	7月 6日	東山村へ玉虫厨子などの宝物を疎開する。	
昭和20年	1945	8月 5日	大宇陀守道へ法隆寺の宝物を疎開する。	
昭和20年	1945	8月15日	終戦。	
昭和20年	1945	8月29日	百済観音像を疎開していた柳生村の疎開所で火災が起こる。百済観音像は無事。	
昭和20年	1945	11月19日	大宇陀守道へ疎開していた金堂の阿弥陀三尊像や天蓋附属木造天人像などの宝物が法隆寺へ帰着。	
昭和20年	1945	11月21日	柳生村から宝物が法隆寺へ帰着。	
昭和20年	1945	12月	金堂の解体修理がはじまり、天井より落書を発見。	

和暦	西暦	月日	事項	出典
昭和20年	1945	12月 5日	金堂本尊の釈迦三尊像を大講堂仏壇の東側に安置。	
昭和20年	1945	12月28日	大講堂で疎開諸仏像帰座開眼供養法要を執行。	
昭和21年	1946	5月12日	観音院表門を修理。	
昭和21年	1946	9月 3日	大野泰治が辞表を提出して法隆寺を退寺。	
昭和22年	1947	3月11日	皇太子殿下が法隆寺へ行啓。	
昭和22年	1947	5月 2日	御物の七曜銅剣2振と沓、露盤が法隆寺へ下賜される。	
昭和23年	1948	2月15日	高島米峰（聖徳太子奉讃会理事）が著書の『聖徳太子正伝』（2月15日刊）の中で法隆寺が法相宗から独立すべきことを提唱する。	
昭和24年	1949	1月26日	法隆寺金堂火災。	
昭和24年	1949	6月	聖徳太子と二王子画像など10点を除く献納御物は全て国有となり「法隆寺献納宝物」と改称。	
昭和24年	1949	8月	中院の庫裏を修理。	
昭和24年	1949	10月 3日	五重塔の秘宝の容器などを清掃して調査する。	
昭和24年	1949	11月	四天王寺が天台宗から独立して「和宗」を開宗。	
昭和24年	1949	12月11日	五重塔心柱の立柱式を執行。	
昭和24年	1949		このころ、金堂壁画復原図の製作をはじめる。	
昭和25年	1950	3月31日	佐伯定胤が法隆寺住職を隠退。	
昭和25年	1950	4月 1日	佐伯良謙が法隆寺住職に就任。	

和暦	西暦	月日	事項	出典
昭和25年	1950	4月 1日	佐伯定胤が長老となる。	
昭和25年	1950	5月	佐伯良謙が法相宗管長に就任。	
昭和25年	1950	5月30日	文化財保護法公布。文化財保護委員会が発足。	
昭和25年	1950	8月	このころ大野泰治（可圓）が再び法隆寺に入寺。	
昭和25年	1950	9月22日	佐伯定胤が聖徳宗開宗を表明。	
昭和25年	1950	10月 4日	佐伯定胤が聖徳宗の宗憲を作成。	
昭和25年	1950	10月28日	佐伯定胤が聖徳宗開宗の理由書を作成。	
昭和25年	1950	11月 2日	佐伯定胤が聖徳宗開宗奉告表白を作成。	
昭和25年	1950	11月13日	法隆寺の木下円超が慈恩会竪義を遂業（興福寺、薬師寺、清水寺は出仕せず）。	
昭和25年	1950	11月15日	法隆寺が法相宗を離脱して聖徳宗を開宗。佐伯良謙が法相宗管長を辞任して聖徳宗初代管長に就任。	
昭和25年	1950	11月18日	佐伯定胤が聖徳宗開宗の理由及び事情について、大阪放送で録音取材を受ける。	
昭和25年	1950	12月	法輪寺が東寺から聖徳宗へ転宗。	
昭和26年	1951	3月	中宮寺が泉涌寺から聖徳宗へ転宗。	
昭和26年	1951	3月 4日	聖徳宗開宗奉告式を聖霊院で執行。	

和暦	西暦	月日	事項	出典
昭和26年	1951	3月 6日	午前9時より金堂焼損壁画の抜き取りがはじまる（文殊菩薩壁より）。	
昭和26年	1951	4月	聖徳宗開宗を記念して2箇月間聖徳太子奉讃展を開催。	
昭和26年	1951	7月22日	第1回法隆寺夏季大学を開催する。	
昭和26年	1951		法隆寺旧境内が史跡に指定される。	
昭和27年	1952	5月18日	五重塔修理落慶供養法要を執行。	
昭和27年	1952	9月23日	斑鳩町西里にある融通念仏宗西福寺住職の桝田秀夫（秀山と改名）と西福寺の檀家の一部が聖徳宗への転宗を計ったが西福寺関係者の同意を得られず、融通念仏宗を離脱して聖徳宗へ入宗した。	
昭和27年	1952	11月23日	法隆寺長老の佐伯定胤没。	
昭和27年	1952	12月12日	金堂焼損壁画保存のための収蔵庫を新造する。	
昭和28年	1953	2月22日	佐伯良謙が太子御廟科長叡福寺座主に就任。	
昭和28年	1953	2月22日	佐伯定胤校訂昭和会本『法華義疏』（和訓）刊。	
昭和28年	1953	8月22日	佐伯良謙の徒弟・髙田新二（良信と改名）が入寺。	
昭和29年	1954	6月	法隆寺を退寺していた古谷郷一（明覚と改名）が再び法隆寺へ入寺。	

和暦	西暦	月日	事項	出典
昭和29年	1954	11月 3日	金堂大修理落慶法要を執行。	
昭和31年	1956	4月 1日	法隆寺文化財保存事務所を開設。	
昭和31年	1956	4月 8日	佐伯良謙『頼耶縁起論』刊。	
昭和32年	1957		東室の修理に着手。	
昭和34年	1959	10月19日	高田良信が宗源寺庫裏の天井裏で藤ノ木古墳関係の文書などを発見。	
昭和36年	1961	3月26日	中宮寺後継門跡の日野西公子（光尊）が佐伯良謙を戒師として得度。	
昭和36年	1961	4月 8日	大野可圓編『法隆寺』刊。	
昭和36年	1961	4月11日	聖徳会館用の紫地縮緬菊紋幕を新調。	銘
昭和36年	1961	4月11日	聖徳太子一千三百四十年御忌法要と聖徳会館落慶供養会を執行。	
昭和37年	1962	5月17日	夢幻庵浄心居上棟式を執行。	
昭和37年	1962	7月22日	法隆寺編『法隆寺夏季大学記念論文集』刊。	
昭和38年	1963	3月 8日	法隆寺管主の佐伯良謙没。	
昭和38年	1963	4月 1日	間中定泉が聖徳宗管長・法隆寺住職に就任。	
昭和38年	1963	5月13日	妻室の修理落慶法要を執行。	
昭和39年	1964	8月23日	模造の灌頂幡を東京国立博物館内法隆寺宝物館へ出陳。	
昭和39年	1964	8月27日	福園院移築のため賢聖院跡を発掘調査。	

和暦	西暦	月日	事項	出典
昭和39年	1964	9月	東京国立博物館内に法隆寺宝物館を建設し法隆寺献納宝物を収納。開館の式典を行う。	
昭和39年	1964	11月23日	佐伯定胤撰漢詩集『淵黙自適集』刊。	
昭和40年	1965	3月 8日	佐伯良謙遺芳集『夢幻鈔』刊。	
昭和40年	1965	3月31日	中門仁王像の修理が終わる。	
昭和40年	1965	5月22日	中門金剛力士尊像修理開眼法要を執行。	
昭和40年	1965	6月26日	重要文化財の綱封蔵上棟式並びに中門、廻廊の床面を修理、聖霊院向拝ほか2棟の屋根葺き替え及び大垣修理工事等の起工式を執行。	
昭和41年	1966	2月18日	西園院上土門の扉を修理。	
昭和41年	1966	3月	「史跡法隆寺旧境内」の石碑を松並木前に建立。	
昭和41年	1966	4月11日	聖徳太子会の小谷権六が「聖徳宗総本山法隆寺」（日本書道教育学会長・石橋犀水筆）の石碑を松並木前に建立。	
昭和41年	1966	4月11日	小谷権六が聖霊院と三経院の五色菊立涌文様緞子幕を奉納。	
昭和41年	1966	5月22日	佐伯定胤長老生誕100年を記念して『定胤長老遺墨集』を刊行。	
昭和41年	1966	5月24日～29日	佐伯定胤長老生誕100年記念「法隆寺定胤大和上遺墨展」開催（東京三越）。	

和暦	西暦	月日	事項	出典
昭和41年	1966	6月11日～16日	佐伯定胤長老生誕100年記念「法隆寺定胤大和上遺墨展」開催（大阪三越）。	
昭和41年	1966	6月25日	佐伯定胤長老生誕日に当たり、西室において遺墨展及び追悼法要を執行。	
昭和41年	1966	9月10日	新収蔵庫建設敷地の発掘を開始。	
昭和41年	1966	9月25日	聖霊院外陣を開放し、一般信者の自由参拝をはじめる。	
昭和41年	1966	10月18日	綱封蔵復元修理完了。素屋根等を撤去。	
昭和42年	1967	1月30日	昭和24年に焼損した金堂壁画の再現事業を発願。安田靫彦・前田青邨・橋本明治・吉岡堅二の4画伯が中心となって描く。	
昭和42年	1967	2月 9日	絵殿、舎利殿の馬道の拝観通路を修理。	
昭和42年	1967	4月26日	金堂壁画再現事業基金として今上天皇陛下より金一封が下賜される。	
昭和42年	1967	5月 9日	五尊像曼荼羅（重文）の修理が終わる。	
昭和42年	1967	5月23日	金堂壁画用のパネル導入テストがはじまる。	
昭和42年	1967	6月 1日	西院大垣、南大門東方の修理に着手。	
昭和42年	1967	6月25日	このころより岩波書店『奈良六大寺大観』のための撮影及び調査を行う。	

和暦	西暦	月日	事項	出典
昭和42年	1967	8月22日	新古材蔵起工式を現収蔵庫裏側にて執行。	
昭和42年	1967	10月 2日	チベットのダライ・ラマが法隆寺を来訪。	
昭和42年	1967	10月20日	法隆寺境内が歴史的特別保存地区に指定される。	
昭和42年	1967	11月 1日	百済観音像と飛鳥時代建造物が国宝シリーズ記念切手として、発行される。	
昭和42年	1967	11月23日	NHKが西院大垣の修理状況を実況中継する。	
昭和43年	1968	3月 9日	新収蔵庫（大宝蔵殿北倉）並びに古材蔵の竣工式を執行。	
昭和43年	1968	5月21日	「金堂壁画再現記念法隆寺展」開催（東京国立博物館）。	
昭和43年	1968	5月25日	中宮寺収蔵庫落慶法要を執行。落慶祝賀会を聖徳会館で開催。	
昭和43年	1968	6月 3日	皇后が東京国立博物館で開催中の「金堂壁画再現記念法隆寺展」に行啓される。	
昭和43年	1968	6月10日	金堂の木造吉祥天像、多聞天立像及び護摩堂の不動明王像及び二童子像を、修理のために美術院国宝修理所へ搬出。	
昭和43年	1968	6月15日	文化庁を設置。	
昭和43年	1968	6月19日	皇太子夫妻が東京国立博物館で開催中の「金堂壁画再現記念法隆寺展」を上覧になる。	
昭和43年	1968	6月27日	北室院太子殿修理落慶法要を執行。	

和暦	西暦	月日	事項	出典
昭和43年	1968	6月30日	北室院太子殿ほか3棟の修理が終わる。	
昭和43年	1968	7月 1日	西園院客殿ほか2棟の修理に着手。	
昭和43年	1968	7月 6日	大雨により宗源寺の土塀崩壊。	
昭和43年	1968	8月 3日~21日	「金堂壁画再現記念法隆寺展」開催（名古屋）。	
昭和43年	1968	8月13日	大阪の平岡宏峯寄進の東院手水屋鳳凰吐水の取り付け完了。	
昭和43年	1968	8月17日	若草伽藍跡発掘調査の鍬入れ式を行う。	
昭和43年	1968	8月18日	東院手水屋鳳凰吐水の除幕式を行う。	
昭和43年	1968	8月30日~9月23日	「金堂壁画再現記念法隆寺展」開催（京都）。	
昭和43年	1968	10月 6日~20日	「金堂壁画再現記念法隆寺展」開催（福岡）。	
昭和43年	1968	11月 1日	金堂内吉祥天像と多聞天像の修理が完了し金堂内に安置。	
昭和43年	1968	11月 7日	再現壁画を金堂内へ搬入。	
昭和43年	1968	11月12日	浩宮徳仁親王が法隆寺を見学される。	
昭和43年	1968	11月18日	金堂壁画再現落成法要を執行。	
昭和44年	1969	3月 8日	佐伯良謙『因明作法の変遷とその著述』刊。	
昭和44年	1969	4月12日	アフガニスタン国王妃が法隆寺を見学。	
昭和44年	1969	7月 2日	豪雨のために普門院内の土塀崩壊。	

和暦	西暦	月日	事項	出典
昭和44年	1969	8月12日	本坊客殿の襖の修理が終わる。	
昭和44年	1969	9月10日～10月18日	東京国立博物館蔵の百済観音模像の色合せ作業を法隆寺の大宝蔵殿仮設場で行う。	
昭和44年	1969	10月 1日	若草伽藍跡の発掘開始。	
昭和44年	1969	10月 4日	大講堂の几帳を新調。	
昭和44年	1969	12月26日	律学院裏土塀の修理が終わる。	
昭和44年	1969	12月27日	北室院表土塀の修理が終わる。	
昭和45年	1970	1月 8日	本坊（西園院）の屋根の葺き替え開始。	
昭和45年	1970	1月14日	西院伽藍入口の桟橋掛替えが終わる。	
昭和45年	1970	4月28日	デンマーク女王が法隆寺を見学。	
昭和45年	1970	4月30日	淵黙庵の屋根の葺き替え工事が終わる。	
昭和45年	1970	6月30日	西園院客殿ほか2棟の修理が終わる。	
昭和45年	1970	7月 1日	宝珠院持仏堂ほか2棟の修理に着手。	
昭和45年	1970	8月19日	宝珠院本堂の本尊文殊菩薩像等を大宝蔵殿北倉へ移す。	
昭和45年	1970	9月17日	奈良県文化財再調査につき、大宝蔵殿北倉にて聖徳太子像の調査を行う。	
昭和45年	1970	9月25日	三経院池の漏水修理工事を行う。	
昭和45年	1970	9月29日	宝蔵殿内の照明工事完了。	
昭和45年	1970	10月28日	玉虫厨子を松田権六らが調査。	

和暦	西暦	月日	事項	出典
昭和45年	1970	11月11日	浩宮徳仁親王が東院夢殿を見学される。	
昭和45年	1970	12月14日	金堂内陣天人小壁の模写作業を大宝蔵殿北倉にて開始。	
昭和45年	1970	12月25日	大宝蔵殿北倉で行われていた天人小壁模写作業が終わる。	
昭和46年	1971	3月 2日~5日	金堂小壁の取り付け作業を行う。	
昭和46年	1971	4月 2日	聖徳太子一千三百五十年御忌の料として金山寺香炉（香取正彦作）を新造。	
昭和46年	1971	4月 2日~4日	聖徳太子一千三百五十年御忌法要を執行。	
昭和46年	1971	4月 2日~11日	「法隆寺聖徳太子尊像展」開催（大宝蔵殿北倉）。	
昭和46年	1971	4月16日	「聖徳太子奉讃展」開催（大阪あべの近鉄百貨店）。	
昭和46年	1971	5月17日	細川護立寄進の宝塔（羅漢堂）の建立をはじめる。	
昭和46年	1971	6月 4日	宝塔（羅漢堂）の上棟式を執行。	
昭和46年	1971	8月31日	台風接近につき、はじめて仁王像にテントを張って警戒。	
昭和46年	1971	10月 8日	宝珠院持仏堂解体修理上棟式を執行。	
昭和46年	1971	10月21日	羅漢堂（旧富貴寺羅漢堂、細川護立寄進）落慶法要を執行。	
昭和47年	1972	2月23日	追儺式用鬼面の模造を作成。	
昭和47年	1972	2月25日	宝珠院持仏堂の本尊文殊菩薩像（重文）を持仏堂へ遷座。	

和暦	西暦	月日	事項	出典
昭和47年	1972	3月 8日	宝珠院持仏堂ほか2棟の修理が終わる。	
昭和47年	1972	3月 8日	大湯屋の解体修理に着手。	
昭和47年	1972	10月 8日	法輪寺塔趾の発掘調査がはじまる。	
昭和47年	1972	10月21日	常陸宮及び同妃が法隆寺を見学される。	
昭和47年	1972	12月18日	円成院観音堂の修理が終わる。	
昭和48年	1973	1月	間中定泉・髙田良信編『法隆寺』刊。	
昭和48年	1973	8月18日	奈良国立博物館主催の夏期講座を3日間開催（西室)。	
昭和48年	1973	10月21日～11月4日	「法隆寺地蔵菩薩信仰展」開催（大宝蔵殿北倉)。	
昭和48年	1973	10月24日	大湯屋大垣の修理に着手。	
昭和49年	1974	9月18日	西室で定胤長老、良謙管主の年忌法要を執行。	
昭和49年	1974	10月20日	秋季特別展「法隆寺浄土信仰展」開催（大宝蔵殿北倉)。	
昭和49年	1974	11月 7日	講堂常夜燈（コクヨ社寄進）奉納法要を執行。	
昭和49年	1974	11月 7日	礼宮文仁親王が法隆寺を見学される。	
昭和49年	1974		このころ髙田良信が自坊の宗源寺本堂で円空作の大日如来像を発見。	
昭和50年	1975	3月12日	大湯屋解体修理落慶法要を執行。	

和暦	西暦	月日	事項	出典
昭和50年	1975	8月 6日	宝珠院の屋根の葺き替え工事に着工。	
昭和50年	1975	8月26日	桂昌院献燈籠の修理工事に着手。	
昭和50年	1975	10月22日〜11月4日	秋季特別展「法隆寺真言密教秘宝展」開催（聖徳会館）。	
昭和50年	1975	11月 4日	法輪寺三重塔落慶法要を執行。	
昭和50年	1975	11月 7日	礼宮文仁親王が法隆寺を見学される。	
昭和51年	1976	3月 1日〜10日	西院、東院、西園院客殿、薬師坊、宗源寺四脚門などの防蟻工事を行う。	
昭和51年	1976	3月 8日	法隆寺裏山の防火池の改修工事に着工。	
昭和51年	1976	3月18日	福園院本堂の上棟式を執行。	
昭和51年	1976	3月30日	律学院が重要文化財の指定を受ける。すぐさま修理に着手。	
昭和51年	1976	8月16日	大雨と強風のため法隆寺西廻廊西側の枯松が廻廊の屋根に倒れる。	
昭和51年	1976	9月18日	福園院本堂の落慶法要を執行。	
昭和51年	1976	10月22日〜11月4日	秋季特別展「薬師信仰展」開催（聖徳会館）。	
昭和52年	1977	2月 5日	法隆寺の寺務所建設の起工式を行う。	
昭和52年	1977	2月10日	髙田良信『法隆寺のなぞ』刊。	
昭和52年	1977	5月10日	髙田良信『近代法隆寺の歴史』刊。	

和暦	西暦	月日	事項	出典
昭和52年	1977	10月22日～11月4日	秋季特別展「釈迦信仰展」開催(聖徳会館)。	
昭和52年	1977	12月23日	寺務所を新寺務所へ移転。	
昭和53年	1978	2月12日	ノルウェー皇太子夫妻が法隆寺を見学される。	
昭和53年	1978	3月	このころから髙田良信が法隆寺宝物の総合調査を計画する。	
昭和53年	1978	3月15日	新寺務所落慶式を執行。	
昭和53年	1978	7月	法隆寺防災施設改修及び一部増設事業を開始。	
昭和53年	1978	7月 1日	上御堂の修理に着手。	
昭和53年	1978	7月 3日	上御堂の仏像（本尊）を搬出。	
昭和53年	1978	7月18日	律学院落慶法要を執行。	
昭和53年	1978	8月29日	大宝蔵殿中南倉床の張り替え工事を開始。	
昭和53年	1978	9月 4日	中院太鼓蔵跡の発掘調査開始。	
昭和53年	1978	11月22日	法隆寺防災施設工事の起工式を行う。	
昭和53年	1978	12月 7日	西院大垣内側を発掘。	
昭和54年	1979	10月21日～11月4日	秋季特別展「法隆寺仏教伝来展」開催（聖徳会館）。	
昭和54年	1979	12月 2日	宮内庁と奈良県秘書課より天皇・皇后行幸の下見のため法隆寺を来訪。	
昭和54年	1979	12月 5日	天皇・皇后行幸。午前9時27分南大門御到着、10時37分夢殿御出発。	
昭和55年	1980	2月25日	法隆寺防災施設工事のために地蔵堂附近の発掘調査開始。	

和暦	西暦	月日	事項	出典
昭和55年	1980	5月24日	法隆寺防災工事発掘調査委員会を開催。	
昭和55年	1980	6月 5日	髙田良信「聖徳宗　法隆寺」(『日本仏教基礎講座1奈良仏教』所収)刊。	
昭和55年	1980	8月22日	若草伽藍跡南側道路の発掘調査開始。	
昭和55年	1980	10月16日	東大寺昭和大修理落慶法要に南都諸大寺が出仕。	
昭和55年	1980	10月19日~11月3日	秋季特別展「昭和大修理発見資料展」開催(聖徳会館)。	
昭和55年	1980	11月28日	百済観音像の修理を行う。	
昭和55年	1980	12月22日	西院廻廊西側修理のために拝観入口を仁王門に変更。	
昭和55年	1980	12月24日	百済観音像の修理が終わる。	
昭和56年	1981	4月	このころから中国仏教協会との交流を深める。	
昭和56年	1981	4月3日	聖徳太子一千三百六十年御忌法要を執行。聖徳太子一千三百六十年御忌記念講演開催。「日本歴史と聖徳太子」東京大学名誉教授・坂本太郎、「太子さまと巡り合う」東京大学名誉教授・花山信勝。	
昭和56年	1981	4月 5日	聖徳太子一千三百六十年御忌記念行事「太子葬送の道をたずねる集い」を開催。午前8時南大門前出発、徒歩にて聖徳太子磯長御廟へ参拝。	

和暦	西暦	月日	事項	出典
昭和56年	1981	4月11日	聖徳太子一千三百六十年御忌の記念事業として『法隆寺昭和資財帳』編纂に着手（委員長：太田博太郎、委員：倉田文作、坪井清足、濱田隆、西川杏太郎、鈴木嘉吉、山本信吉、髙田良信）。	
昭和56年	1981	5月11日～21日	奈良法隆寺仏教人士訪中団「法隆寺・敦煌飛天友好の旅」第1団出発。	
昭和56年	1981	8月15日	髙田良信『法隆寺子院の研究』刊。	
昭和56年	1981	9月 1日	西院伽藍拝観入口を中門より元の廻廊西隅へ戻す。	
昭和56年	1981	9月 3日～13日	奈良法隆寺仏教人士訪中団「法隆寺・敦煌飛天友好の旅」第2団出発。	
昭和56年	1981	9月14日～10月25日	アメリカ・ニューヨークで法隆寺宝物展を開催。	
昭和56年	1981	9月28日	能石東隅の手水舎の青銅製竜（香取秀真作）を模刻。	
昭和56年	1981	10月18日～11月3日	秋季特別展「法隆寺聖徳太子尊像展」開催。	
昭和56年	1981	11月13日	佐伯良謙『慈恩大師伝』を復刊。	
昭和57年	1982	3月31日	間中定泉が聖徳宗管長・法隆寺住職を隠退。	
昭和57年	1982	4月1日	大野可圓が聖徳宗管長・法隆寺住職に就任。間中定泉が法隆寺長老に就任。	

和暦	西暦	月日	事項	出典
昭和57年	1982	4月19日	近鉄百貨店から高村光雲作の聖徳太子摂政像を購入。	
昭和57年	1982	4月26日	『法隆寺昭和資財帳』の本格的な調査を開始。	
昭和57年	1982	6月11日	新造した良謙和上像の厨子を律学院に納入。	
昭和57年	1982	6月22日	蜀江幡発見について記者発表を行う。	
昭和57年	1982	6月26日	法隆寺再興・法相宗独立百年報恩法要を執行。髙田良信の発願により佐伯良謙坐像（西村公朝作）を造立。その開眼法要を執行。	
昭和57年	1982	6月26日～7月4日	「法隆寺再興百年記念展」開催（聖徳会館）。	
昭和57年	1982	6月27日	法隆寺再興百年記念の講演会を開催（西室）。	
昭和57年	1982	8月	若草伽藍北限の柵列を発掘。	
昭和57年	1982	8月 3日	東大門より夢殿間の参道が洪水のため、東院の拝観中止。	
昭和57年	1982	8月 3日	妙音院地蔵堂北側の土壁が倒壊。寺山処々で土砂崩れの被害があった。	
昭和57年	1982	8月31日	新堂の屋根の葺き替え用足場の工事を開始。	
昭和57年	1982	9月	『法隆寺昭和資財帳』編纂所を開設。	
昭和57年	1982	9月28日	新堂の屋根を修理するために仏像を移す。	

和暦	西暦	月日	事項	出典
昭和57年	1982	10月12日	晋山式のために、観勒像を経蔵より大講堂へ移す。	
昭和57年	1982	10月22日	大野可圓『維摩の説法』刊。	
昭和57年	1982	10月22日	法隆寺第106代住職晋山式を執行。このときに「印鎰の儀」を復興。	
昭和57年	1982	10月31日～11月3日	秋季特別展「法隆寺法相関係資料展」開催。	
昭和57年	1982	11月13日	慈恩会を再興。	
昭和57年	1982	12月 1日～24日	金堂天蓋の修理を行う。	
昭和57年	1982	12月23日	美術院国宝修理所が金堂天蓋の掃除及び天人像取り付けを行う。	
昭和57年	1982	12月25日	金堂天蓋の修理のため、大講堂に仮安置していた吉祥天像、毘沙門天像、持国天像、増長天像を金堂へ移す。	
昭和58年	1983	2月 5日	三蔵会を再興。	
昭和58年	1983	2月15日	涅槃会を再興。	
昭和58年	1983	3月 8日	佐伯良謙和上血縁者一同が律学院へ仏具を奉納。	
昭和58年	1983	3月25日	四騎獅子狩文錦ケースを北倉へ搬入。	
昭和58年	1983	4月11日	髙田良信『法隆寺銘文集成』刊。	
昭和58年	1983	4月18日	大講堂の基壇に欄干を新設。	
昭和58年	1983	5月 8日	仏生会を執行。	
昭和58年	1983	6月10日	法起寺十一面観音像の修理が終わる。	
昭和58年	1983	7月13日	聖霊院前鏡池の工事に着手。	

和暦	西暦	月日	事項	出典
昭和58年	1983	7月14日	東院南面大垣の修復工事に着手。	
昭和58年	1983	7月21日	大湯屋前の発掘調査で伏蔵を確認。	
昭和58年	1983	9月28日	台風10号接近による大雨のために、東院拝観を一時中断。	
昭和58年	1983	10月21日	タイ王国シリントーン王女一行が拝観のために法隆寺を来訪。	
昭和58年	1983	10月26日	律学院裏へ古材庫を建設するために、発掘調査を開始。	
昭和59年	1984	1月 9日	南大門～能石間敷石敷設工事に着手。	
昭和59年	1984	1月22日	髙田良信『中宮寺・法輪寺・法起寺の歴史と年表』刊。	
昭和59年	1984	1月26日	金堂壁画焼損自粛法要及び第30回文化財防火デー防火演習を実施。	
昭和59年	1984	1月26日	南大門～能石間敷石敷設工事が完了し、渡り初めを行う。	
昭和59年	1984	4月 8日	新収納庫起工式を執行。	
昭和59年	1984	11月23日	佐伯定胤『法相宗綱要』刊。	
昭和59年	1984	11月23日	佐伯定胤三十三回忌のため、西室にて追悼法要を執行。	
昭和59年	1984	12月12日～14日	防災工事のために、西円堂及び新堂の諸像を移す。	
昭和60年	1985	1月11日	百萬塔陀羅尼を多数発見。	
昭和60年	1985	3月 8日	佐伯良謙『唯識学概論』刊。	
昭和60年	1985	5月16日	デンマーク王女一行が法隆寺を来訪。	

和暦	西暦	月日	事項	出典
昭和60年	1985	6月10日～7月25日	五重塔塑像塔本四面具、西面塑像の修理に着手。	
昭和60年	1985	6月22日～23日	聖霊院本尊の秘仏聖徳太子像胎内仏特別ご開帳（聖徳会館）。	
昭和60年	1985	7月 2日	聖霊院本尊の秘仏聖徳太子像胎内仏特別ご開帳参拝料及び賽銭を奈良県へ寄附。	
昭和60年	1985	7月22日	聖霊院本尊の秘仏聖徳太子像修理完了につき安置法要を執行。	
昭和60年	1985	10月 4日	夢殿本尊厨子並びに大講堂諸仏を清掃。	
昭和60年	1985	10月 8日～11月7日	橿原考古学研究所で「法隆寺考古展」開催。	
昭和60年	1985	10月15日	不明門開門之儀を執行。	
昭和60年	1985	11月	髙田良信『法隆寺の秘話』刊。	
昭和60年	1985	11月 2日	『法隆寺の至宝④木彫』（法隆寺昭和資財帳）刊。	
昭和60年	1985	11月 4日	法隆寺昭和大修理完成慶賛法要（夢殿前）を執行。	
昭和60年	1985	11月 5日	法隆寺昭和大修理関係物故者法要を執行。仕舞〈喜多流〉「井筒・船弁慶」、狂言〈大蔵流〉「六地蔵」、能〈喜多流〉「夢殿」を奉納。	
昭和60年	1985	11月 8日	不明門閉門之儀を執行。	
昭和61年	1986	1月	日弄貞夫・井上靖・髙田良信他『四季法隆寺』刊。	
昭和61年	1986	4月 9日～17日	中国仏教協会招請による「現代の遣隋使」が中国を訪問。	

和暦	西暦	月日	事項	出典
昭和61年	1986	4月19日	中国歴訪の聖徳太子像を夢殿へ安置。	
昭和61年	1986	7月30日	ネパール王国ギャネンドラ（現国王）夫妻一行が法隆寺を来訪。	
昭和61年	1986	9月18日	行信僧都坐像、道詮律師坐像の厨子完成。	
昭和61年	1986	10月15日	スペインのエレナー王女一行が法隆寺を来訪。	
昭和61年	1986	10月23日	インドのクリシナサヒ教育文化大臣一行が法隆寺を来訪。	
昭和61年	1986	11月 2日	『法隆寺の至宝⑥絵画』（法隆寺昭和資財帳）刊。	
昭和61年	1986	12月23日	金堂の吉祥天立像、毘沙門天立像の修理が終わる。	
昭和62年	1987	3月	髙田良信『法隆寺（歴史と古文献）』（日本の古寺美術）刊。	
昭和62年	1987	4月 6日	皇太子妃、清子内親王が法隆寺を見学される。	
昭和62年	1987	8月18日	夢殿本尊の救世観音像の修理にともない撥遣法要を執行。	
昭和62年	1987	8月22日	金堂の薬師如来像の台座修理にともない撥遣法要を執行。	
昭和62年	1987	8月26日	新宝蔵殿（百済観音堂）建設委員会を設置。	
昭和62年	1987	9月16日	夢殿の聖観音像（お前立）の修理が終わる。	
昭和62年	1987	10月 1日〜6日	法隆寺の聖徳会館で百済観音堂建立発願記念救世観音像・百済観音像特別ご開帳を行う。	

和暦	西暦	月日	事項	出典
昭和62年	1987	10月 9日	夢殿本尊の救世観音像修理慶讃法要を執行。裏千家宗室宗匠による供茶式を行う。	
昭和62年	1987	10月11日	ノルウェー皇太子及び同妃が法隆寺を来訪。	
昭和62年	1987	11月 1日	第5回昭和資財帳記念講演会「救世観音像シンポジウム」開催（西室）。講師：奈良国立博物館館長西川杏太郎、美術院国宝修理所所長小野寺久幸、髙田良信、司会：種村大超。	
昭和63年	1988	4月10日	法隆寺西園院使者之間襖絵開眼法要を執行（東院礼堂）。	
昭和63年	1988	4月22日	「法隆寺シルクロード仏教文化展」開催（新収納庫）。	
昭和63年	1988	5月24日	金堂薬師如来台座及び夢殿聖徳太子十六歳像の修理に着手。	
昭和63年	1988	6月	髙田良信・NHK取材班共著『シルクロードから来た天女』刊。	
昭和63年	1988	9月22日	今上天皇病気お見舞の記帳及びご病気平癒の祈禱札を献上。	
昭和63年	1988	10月13日	献納宝物百十年記念「聖徳太子奉讃法要」を執行。宮内庁の特別の許可のもとに法隆寺献納御物の「唐本御影」を夢殿内に奉懸する。	
昭和63年	1988	11月22日～12月18日	「百済観音像展」を東京国立博物館で開催。	
昭和63年	1988	11月28日	シリア考古局総裁アリ・アブ・アサッフ氏一行6名が法隆寺を来訪。	

和暦	西暦	月日	事項	出典
昭和64年	1989	1月 7日	天皇崩御。皇太子が即位。新年号を「平成」と決定。	
昭和64年	1989	1月 7日	大行天皇崩御追悼法要を執行（聖霊院）。	
平成元年	1989	1月 9日	今上天皇即位聖寿無極祝禱法要を執行（聖霊院）。	
平成元年	1989	1月12日	大行天皇追悼初七日法要（作善講）を執行（聖霊院）。	
平成元年	1989	2月24日	閉門。大喪の礼揺拝法要を執行（聖霊院）。	
平成元年	1989	3月 8日	法隆寺管主佐伯良謙和上二十七回忌法要を執行。	
平成元年	1989	5月10日	法隆寺聖霊院厨子絵（林功画）展を開催。	
平成元年	1989	7月 2日	『法隆寺の至宝⑩舞楽』（法隆寺昭和資財帳）刊。	
平成元年	1989	8月16日	法隆寺長老の間中定泉没。	
平成元年	1989	10月 3日	飛鳥資料館で「法隆寺金堂壁画飛天展」を開催。	
平成元年	1989	10月22日~11月5日	若草伽藍発掘50周年を記念して若草伽藍跡を公開する。	
平成 2年	1990	4月	髙田良信・堀田謹吾共著『追跡・法隆寺の秘宝』刊。	
平成 2年	1990	8月	髙田良信『私の法隆寺案内』刊。	
平成 2年	1990	8月 1日	『法隆寺の至宝⑬工芸・法具・梵音具・僧具』（法隆寺昭和資財帳）刊。	
平成 2年	1990	4月~	「百済観音堂勧進法隆寺秘宝展」を各地で開催。	

和暦	西暦	月日	事項	出典
平成 2年	1990		このころから法隆寺裏山の防火壁の建設を計画。	
平成 3年	1991	1月	髙田良信『聖徳太子の生涯と信仰』刊。	
平成 3年	1991	2月 1日	『法隆寺の至宝①西院』（法隆寺昭和資財帳）刊。	
平成 3年	1991	3月	入江泰吉・髙田良信共著『法隆寺国宝散歩』刊。	
平成 3年	1991	6月20日	『法隆寺の至宝⑤百万塔』（法隆寺昭和資財帳）刊。	
平成 3年	1991	8月16日	間中定泉遺芳集『和国の教主』刊。	
平成 3年	1991	9月25日	上宮遺跡（飽波宮址）を発掘。奈良時代の建物の遺構を発見。	
平成 4年	1992	1月	坂田俊文・髙田良信共著『再現・法隆寺壁画』刊。	
平成 4年	1992	1月	髙田良信『法隆寺の四季―行事と儀式』刊。	
平成 4年	1992	4月14日	大野可圓が聖徳宗管長・法隆寺住職を隠退。	
平成 4年	1992	4月15日	桝田秀山が聖徳宗管長・法隆寺住職に就任。大野可圓が法隆寺長老に就任。	
平成 4年	1992	9月 2日	『法隆寺の至宝⑮瓦』（法隆寺昭和資財帳）刊。	
平成 4年	1992	10月22日	桝田秀山『聖徳太子の三部経典』刊。	
平成 4年	1992		日本が世界遺産条約に加盟。	

和暦	西暦	月日	事項	出典
平成 5年	1993	2月	高田良信『法隆寺の謎と秘話』刊。	
平成 5年	1993	6月	高田良信『法隆寺建立の謎』刊。	
平成 5年	1993	6月 1日	高田良信が桝田秀山住職と法隆寺一山の強い要請により難渋している寺務を処理するために法隆寺住職代行に就任。法隆寺の寺務を総覧指揮する。	
平成 5年	1993	6月22日	『法隆寺の至宝⑫工芸』(法隆寺昭和資財帳)刊。	
平成 5年	1993	12月	高田良信監修『百済観音』刊。	
平成 5年	1993	12月11日	法隆寺地域の仏教建築が日本で最初にユネスコの世界文化遺産に登録される。	
平成 5年	1993	12月31日	世界文化遺産登録記念として平和の鐘を撞く。NHK「行く年来る年」で放映。	
平成 6年	1994	2月22日	法隆寺勧学院開設100周年記念『性相・法隆寺学研究』を出版。	
平成 6年	1994	3月	『法隆寺昭和資財帳』の完成を記念して「国宝法隆寺展」を開催(奈良国立博物館他)。	
平成 6年	1994	4月22日	高田良信が法隆寺管主(法隆寺代表役員)に就任。	
平成 6年	1994	4月22日	皇太子及び同妃が法隆寺を見学される。	
平成 6年	1994	6月 1日	法隆寺学研究所を開設。	
平成 6年	1994	10月 8日	西円堂奉納鏡の法要を再興。	
平成 6年	1994	11月	高田良信『法隆寺千四百年』刊。	

和暦	西暦	月日	事項	出典
平成 6年	1994	11月 3日	金堂修理40周年を記念して金堂焼損壁画を公開。	
平成 6年	1994	11月15日	法隆寺監修『法隆寺金堂壁画』刊。	
平成 6年	1994		このころから金堂の多聞天像と吉祥天像を復元することを計画。	
平成 7年	1995	2月22日	髙田良信『法隆寺の四季と行事』刊。	
平成 7年	1995	3月	鈴木嘉吉・髙田良信共著『世界文化遺産・法隆寺』刊。	
平成 7年	1995	3月 2日	『法隆寺の至宝⑪武具』（法隆寺昭和資財帳）刊。	
平成 7年	1995	4月 3日	百済観音堂勧進法要を執行。裏千家宗室宗匠の供茶式が行われる。	
平成 7年	1995	4月 5日	髙田良信発願の百済観音堂建立勧進薪能を大講堂前で開催。	
平成 7年	1995	4月11日	髙田良信が発願して磯長叡福寺太子廟参拝をはじめる。	
平成 7年	1995	4月22日	桝田秀山が聖徳宗管長・法隆寺住職を隠退。	
平成 7年	1995	5月22日	髙田良信が聖徳宗管長・法隆寺住職に就任。桝田秀山が法隆寺長老に就任。	
平成 7年	1995	5月22日	髙田良信が編纂した「法隆寺住職次第」を採用する。髙田良信を法隆寺第128代住職とする。	
平成 7年	1995	8月	法隆寺夏季講座を開催。	

和暦	西暦	月日	事項	出典
平成 7年	1995	10月	高田良信が発願して多くの法要をはじめる。その表白文を作成する。	
平成 7年	1995	10月 2日	行信忌をはじめる。	
平成 7年	1995	10月 7日	法隆寺監修『法隆寺金堂・聖霊院内陣と四騎獅子狩文錦』刊。	
平成 7年	1995	12月21日	間人皇后御忌をはじめる。	
平成 8年	1996	2月22日	聖徳太子御忌・慧慈忌をはじめる（平成9年から2月21日に執行）。	
平成 8年	1996	2月22日	高田良信監修『法隆寺要集』刊。	
平成 8年	1996	3月 2日	道詮忌をはじめる。	
平成 8年	1996	3月 7日	推古天皇御忌をはじめる。	
平成 8年	1996	3月 8日	良謙忌をはじめる。	
平成 8年	1996	3月17日	定朝忌をはじめる。	
平成 8年	1996	4月 2日	『法隆寺の至宝③金銅仏』（法隆寺昭和資財帳）刊。	
平成 8年	1996	4月 9日	百済観音堂起工式を行う。鎮壇具を百済観音堂建設予定地に納める。高田良信が銅鏡に銘文を刻し、寺僧たちも七宝などを納める。	
平成 8年	1996	4月 9日	用明天皇御忌をはじめる。	
平成 8年	1996	6月 8日	中国敦煌莫高窟の西大仏の前庭で裏千家宗室宗匠や平山郁夫とともに供茶法要を執行。	
平成 8年	1996	7月	元禄7年（1694）の江戸出開帳関係寺院との交流を深める。	

和暦	西暦	月日	事項	出典
平成 8年	1996	7月20日	『法隆寺の至宝②東院』（法隆寺昭和資財帳）刊。	
平成 8年	1996	8月24日	閼伽井坊地蔵会をはじめる。	
平成 8年	1996	9月 2日	覚勝忌をはじめる。	
平成 8年	1996	9月23日	彼岸会をはじめる。	
平成 8年	1996	11月 1日	髙田良信『世界文化遺産　法隆寺』刊。	
平成 8年	1996	11月 3日	崇峻天皇御忌・山背大兄王御忌をはじめる。	
平成 8年	1996	11月14日 ～ 平成10年 11月11日	このころから髙田良信が朝日新聞社の協力のもとに全国都道府県52箇所で「流浪の仏　百済観音」などの講演を行う。	
平成 8年	1996	11月23日	定胤忌をはじめる。	
平成 8年	1996	12月	髙田良信『法隆寺の歴史と信仰』刊。	
平成 8年	1996	12月11日 ～13日	世界文化遺産登録3周年を記念して法隆寺フォーラム、太子道サミットを開く。	
平成 8年	1996	12月11日	森郁夫・髙田良信監修『法隆寺文化のひろがり』刊。	
平成 8年	1996	12月11日	髙田良信の発願で世界文化遺産記念碑（太子町の紹介により寄進された大石に、平山郁夫揮毫）を建立。その除幕式を行う。記念碑の下に銘文を刻した銅鏡を納める。	
平成 8年	1996		このころ西村公朝に維摩居士像と勝鬘夫人像の制作を依頼する。	

和暦	西暦	月日	事項	出典
平成 9年	1997	2月22日	「太子道をたずねる集い」(飛鳥の橘寺から磯長叡福寺太子廟まで)を開催。	
平成 9年	1997	3月 1日	『法隆寺の至宝⑦経典』(法隆寺昭和資財帳)刊。	
平成 9年	1997	4月	法隆寺史の編纂を発願して法隆寺史編纂所を開設。	
平成 9年	1997	7月22日	「斑鳩地名発祥の地」と「因可池」の石碑(髙田良信揮毫)を建てる。	
平成 9年	1997	9月 9日	日仏両国政府の要請により百済観音像をパリ・ルーブル美術館に出陳する。シラク大統領の臨席のもと百済観音展開白法要を執行。裏千家宗室宗匠の供茶式が行われる。	
平成 9年	1997	11月22日	「太子道をたずねる集い」(法隆寺から飛鳥の橘寺まで)を開催。	
平成 9年	1997	11月～平成10年10月	文化財指定制度100周年を記念して「百済観音展」を全国で開催する。	
平成 9年	1997	12月	髙田良信監修『救世観音』刊。	
平成10年	1998	1月26日	法隆寺金堂壁画焼損50年自粛法要を執行。	
平成10年	1998	1月26日	髙田良信総監修『回顧　法隆寺金堂罹災』刊。	
平成10年	1998	2月22日	「太子道をたずねる集い」(法隆寺から磯長叡福寺太子廟まで)を開催。	

和暦	西暦	月日	事項	出典
平成10年	1998	3月 2日	『法隆寺の至宝⑭工芸法具・収納具』（法隆寺昭和資財帳）刊。	
平成10年	1998	3月17日	髙田良信『近代法隆寺の祖　千早定朝の生涯』刊。	
平成10年	1998	3月17日	近代法隆寺の祖千早定朝の第百回忌法要を執行。	
平成10年	1998	4月11日	聖徳太子奉讃会物故者追悼会をはじめる。	
平成10年	1998	10月22日	髙田良信『法隆寺教学の研究』刊。	
平成10年	1998	10月22日	髙田良信が銅鏡に銘文を刻して百済観音堂の宝珠内に納める	
平成10年	1998	10月22日～26日	法隆寺大宝蔵院百済観音堂落慶法要を執行。裏千家宗室宗匠による供茶式と記念茶会が行われた。	
平成10年	1998	10月26日	百済観音堂落慶結願法要。裏千家若宗匠による供茶式と記念茶会が行われた。	
平成10年	1998	10月26日	百済観音堂落慶結願法要を終え髙田良信が11月30日を以て聖徳宗管長・法隆寺住職を隠退する旨を法隆寺一山に対して表明。法隆寺住職の任期を5年とすることを提案する。	
平成10年	1998	11月30日	髙田良信が寺務手続を終えて聖徳宗管長・法隆寺住職を隠退。	
平成10年	1998	12月 1日	大野玄妙が法隆寺住職代務者に就任。髙田良信が法隆寺長老に就任。	

和暦	西暦	月日	事項	出典
平成10年	1998	12月～	このころから法隆寺境内の松の枝などの大伐採がはじまる。	
平成11年	1999	3月20日	『法隆寺の至宝⑧古文書』（法隆寺昭和資財帳）刊。	
平成11年	1999	4月22日	大野玄妙が聖徳宗管長・法隆寺住職に就任。	
平成11年	1999	11月15日	聖徳宗開宗五十年法要を執行。	
平成12年	2000	11月15日	聖徳宗開宗五十周年法要を執行。	
平成13年	2001	1月	年輪年代法の成果として奈良文化財研究所が五重塔心柱の伐採年代を594年と発表する。	
平成13年	2001	2月22日	髙田良信『聖徳太子渇仰』刊。	
平成16年	2004	12月	若草伽藍の西方から焼損した壁画片が出土する。	
平成17年	2005	3月29日	法隆寺長老の大野可圓没。	
平成18年	2006	2月 5日	西室の塑像文殊菩薩坐像盗難。即日発見。少々破損。	
平成18年	2006	4月19日	東大門で落書き発見。	
平成19年	2007	2月22日	髙田良信『世界文化遺産　法隆寺を語る』刊。	
平成19年	2007	11月23日	髙田良信『法隆寺辞典』『法隆寺年表』刊。	

髙田 良信（たかだ りょうしん）

1941年2月22日奈良県に生まれる。

1953年8月22日法隆寺に入寺して、佐伯良謙管主の徒弟となり、翌年得度する。竜谷大学大学院修了後、法隆寺執事・法隆寺文化財保存事務所所長・執事長・法隆寺昭和資財帳編纂所所長・法起寺住職・法隆寺住職代行・法隆寺管主などを経て聖徳宗第5代管長・法隆寺128世住職を務めるとともに法隆寺伝統行事の再興と法隆寺昭和資財帳や法隆寺史の編纂などを提唱する。法隆寺の悲願であった法隆寺昭和資財帳編纂の完成と百済観音堂の落慶を契機に隠退して法隆寺長老に就任。小僧時代から蒐集した資料や法隆寺昭和資財帳編纂の成果などを踏まえ、ライフワークである「法隆寺学」の確立を模索しつつ現在に至る。

法隆寺長老（法隆寺128世管主）・法隆寺實相院住職・東京芸術大学非常勤講師・日本ペンクラブ会員など。

（主な著書）

『法隆寺』『法隆寺のなぞ』『法隆寺子院の研究』『近代法隆寺の歴史』『法隆寺の歴史と年表』『法隆寺日記をひらく』『私の法隆寺案内』『法隆寺国宝散歩』『法隆寺の謎と秘話』『法隆寺建立の謎』『法隆寺一四〇〇年』『法隆寺の四季と行事』『世界文化遺産法隆寺』『法隆寺の謎』『世界文化遺産 法隆寺を語る』など多数。

法隆寺年表

発行日　2007年11月23日　初版第一刷

著　者　高田　良信

発行者　柳原喜兵衛

発行所　柳原出版株式会社

〒615-8107 京都市西京区川島北裏町74

電話　075-381-2319

FAX　075-393-0469

印刷／製本　亜細亜印刷株式会社

http://www.yanagihara-pub.com

ISBN978-4-8409-5018-3